일러두기

- 『지재당고』는 1권 1책으로 구성되었는데, 세 가지
  형태가 있다.
  1. 류탁일 소장본은 필사본이다. 시 외에 이재긍의
     서문과 안광묵의 발문 그리고 상우(尙友)라는 이름의
     '지재당소고(只在堂小稿)' 외에 무호인(无號人),
     소야(蘇野)라는 이름으로 쓴 7언절구 2수가 더 있다.
     이 서문과 발문은 책 앞에 실었다.
  2. 부산대 소장본은 목활자본으로 시 외에 이재긍의
     서문이 있다.
  3. 김효구 소장본은 서문과 발문이 없고 단지 시만 있다.
     이는 부산대 소장본에서 서문만 빠진 것으로 보인다.
- 위 세 가지 본은 서문과 발문이 있고 없음의 차이가
  있을 뿐, 시 내용은 모두 같다. 다만 간행본과
  필사본은 몇 군데 다른 글자가 있다.
- 이 책은 규모가 가장 잘 갖추어진 류탁일 소장본을
  저본으로 하였다. 그러나 시인의 뜻을 최대한 살리기
  위해 간행본을 참고하였고, 필요한 경우 간행본의
  글자를 따르기도 하였다.

그대,
그리움을
아는가

(재)김해문화관광재단

그대, 그리움을 아는가

강담은 著　배찬산 校　이성혜 譯

차례

010 개정 증보에 붙이는 말

014 책머리에

017 해제 ; 오직 그대만을 그리는 머뭇거림, 그 서성임의 미학

026 「지재당소고서 只在堂小稿序」- 이재긍

028 「지재당고발 只在堂稿跋」- 안광묵

030 「지재당소고 只在堂小稿」- 상우

045 그대 그리움에

069 빈 뜰에 서성이며

085 시든 꽃을 주우며

101 춤추던 자리에 달은

117 금릉의 풀빛

김해수로왕릉

장유사

개정 증보에 붙이는 말

「지재당 강담운의 시집-그대, 그리움을 아는가」를 처음 번역하여 출간한 것이 2002년도이니 벌써 20년이 넘었다. 지금 다시 이 책장을 넘기면서 글을 쓰려니 '어느새'라는 말이 입술을 밀고 나온다. 나도 모르게 '세월이 흐르는 물과 같구나'라는 말을 연신 되뇐다.

강산이 변한다는 시간이 두 번이나 지나가는 동안 이 책은 서점에서 자취를 감추고 몇몇 애호가의 서재에 조용히 꽂혀 있었다. 사실 당시 이 책은 몇 권 출간되지도 않았다. 그것은 지재당이 그다지 알려진 인물이 아니었고, 또 여성이었으며, 김해 관아의 기녀 출신이었기 때문에 책의 판매량을 예정할 수 없었기 때문이다. 당시 학계에도 지재당을 아는 사람은 소수에 불과했다.

그런데도 당시 역자인 내가 출판을 강행했던 것은, 오직 연구자의 순수한 열정과 의지였다고 할 수 있다. 지재당의 시가 너무 아름답고 애절했을 뿐만 아니라, 19세기 김해 기녀의 생활 모습을 알 수 있었고, 우리 문학사에 매우 부족한 여성 시인의 작품이기에 학계에 알리고 싶었기 때문이다. 특히 시집에는 당시 김해의 다양한 모습을 담은 7언절구 34수의 「금릉잡시」가 포함되어 있었다. 그리고 「금릉잡시」에는 1875년 전후 김해 민중들의 생활 모습이 생생하게 묘사되어 있으므로, 19세기 김해의 문화와 생활상을 전해주는 역사 기록적 성격도 다분했기 때문이다.

 오랫동안 개인 서재의 깊은 곳에서 겨울잠을 자고 있던 지재당의 시는 마침내 김해 시민들의 사랑을 받으며 잠에서 깨어났다. 지재당의 시를 읊조리는 소리가 김해 지역 곳곳에서 들려왔고, '금릉로드'도 조성되었다. 그런데 그녀의 시집,「그대, 그리움을 아는가」는 구득 할 수가 없었다. 앞에서 서술한 것처럼 애초에 몇 권 출간되지 않았기 때문이다. 이런 저간의 사정을 알고 김해문화재단에서 필자에게 개정증보판을 출간하자고 제안하였다. 참으로 고마운 일이다.

 이 책을 개정 증보라는 이름으로 출간하기로 하였다. 그러나 사실상 초판이라고 해도 무방하다. 우선 20년 전 이 책을 처음 출간할 때는 필자가 약간의 비용을 지불하고 약간의 권수를 출판하는 것으로 끝났다. 책으로 나온 이후에는 오역과 오탈자가 눈에 띄어 차후 다른 출판사에서 새롭게 출판하겠노라고 호기롭게 말하기도 하였다. 그런데 20년의 세월을 흘러보냈다. 나행히 지금 드디어 새롭게 출간하게 되었다. 그렇지만 이 책은 초기의 구성을 그대로 따랐다. 2002년에 썼던 〈책머리에〉도 그대로 두었다. 물론 많은 오역과 오탈자를 수정하고, 사진을 추가하였다. 특히「금릉잡시」에 담긴 김해 곳곳의 지명과 현 위치에 대해 많은 교정을 하였다. 그러므로 이 책은 개정 증보이지만 사실상 새로운 책이다.

 김해 곳곳의 지명과 현 위치에 대해서는 김해문화원 김우락 원장님과 김해시 문화유산과 송원영 팀장님께서 수고와 도움을 주셨다. 현장 답사는 김해시 송둘순 과장님과 김해시사편찬 선임연

구원인 하유식 박사께서 휴일을 반납하고 동행해 주셨다. 그뿐만 아니라 김해문화재단 김해문화도시센터의 이영준 센터장님과 이선옥 과장님, 김희주 센터원은 책을 어떻게 구성할지 등에 대해 필자와 오랫동안 고민하였다. 그리고 누구보다 지재당의 시를 사랑해 주신 홍태용 김해시장님과 출판을 응원하고 지지해주신 최석철 김해문화재단 대표님께 감사를 드린다. 물론 이분들 외에도 많은 분이 도움을 주셨는데, 여기에 일일이 적지 못함이 죄송할 뿐이다.

개정증보판을 위해 노력은 하였으나 여전히 오역과 오탈자가 있을지도 모르겠다. 이는 전적으로 역자인 나의 책임이다. 독자 여러분들께서 질정(叱正)해 주시기를 바란다. 마지막으로 이 책을 출간할 수 있게 물심양면으로 힘을 써주신 김해문화재단 여러분께 다시 한번 감사드린다.

– 2023년 12월 22일 이성혜

책머리에

차산 배전 연구에 몰두해 있던 시간, 내 손에 작은 시집 하나가 쥐어졌다. 그 시집을 받아 든 순간 내 눈을 강하게 끌어당기는 그 무엇이 있었다.

'일심인 배차산(一心人 裵此山)'
일심인, 일심인이라!

책장을 한 장 한 장 넘기자 환한 달빛에 비치듯 한 여인의 마음이 드러났다. 오직 한 사람, 배차산을 그리는 아련한 그리움이 내 손끝에 묻어났다. 나는 시집을 덮었다. 그 아련한 그리움에 가슴이 저려와서 더 이상 책장을 넘길 수가 없었다.

사랑이어라!

사람을 가장 사람답게 만드는 것이 사랑 아닐까? 사람은 사랑으로 인해 존재 의미를 느낀다. 사랑을 하고 사랑을 받을 때 삶은 가치 있다. 사람이 가장 아름다울 때 역시 사랑을 하고 사랑을 받는 때이다. 나이도 신분도 그 무엇도 방해할 수 없는 것이 사랑 아닌가?

기생이 될 수밖에 없는 삶의 고단함. 웃음을 팔아야 하는 거친 삶 속에서 그 삶을 지탱할 수 있는 것은 누군가의 사랑을 받고, 사랑을 하기 때문이리라. 비록 기생이었지만 오직 한 사람만을 사랑하고, 그 사람을 위해 긴 밤을 서성였던 여인 지재당(只在堂). 그리고 그 여인을 위해 '일심인(一心人)'이라고 주저 없이 말하는 차산 배전. 조선조 말기 내세울 것 없는 병약한 선비와 기생의 사랑은 시를 통해 그렇게 숨 쉬고 있었다.

나는 이 시집을 번역하기로 마음먹었다. 사랑이 인터넷을 타고 퍼져나가 그 빠른 속도에 멀미를 느끼는 이들을 위해 느림의 사랑, 그리움으로 서성이는 사랑을 보여주기 위해서이다. 그러나 의욕만 앞섰을 뿐, 어설픈 번역이 오히려 좋은 시를 망친 것은 아닌지 슬며시 겁이 난다. 물론 이 시집이 차산을 그리는 시만으로 채워진 것도 아니다. 여기에는 그녀의 고달픈 일생도 있고 김해의 아름다운 경치도 있다. 그러나 많은 부분 그녀는 역시 여인이었다. 곳곳에 사랑에 대한 쓸쓸한 심사가 묻어있다.

이제 지재당을 놓아 보내고 그녀의 사랑에서 나와 내 사랑을 찾아야겠다. 나에게 『지재당고』를 내어 주시며 차산과 지재당에 대해 이런저런 이야기를 해 주신 류탁일 선생님과 김효구 어른께 감사함을 올린다.

- 2002년 8월 청사포에서 이성혜 씀.

형제도

해제
오직 그대만을 그리는 머뭇거림,
그 서성임의 미학

이성혜

사랑의 모습은 어떤 것일까? 세모일까? 네모일까? 그것은 세모일 수도 있고, 네모일 수도 있다. 그렇지 않을 수도 있다. 사랑은 그릇에 담기는 물처럼 그릇에 따라 각각의 모습을 지닌다. 그렇다면 그리움이란 무엇일까? 사랑의 다른 이름인가? 21세기를 흔히 정보의 시대라고 한다. 그 말에는 '빠름'이란 단어를 포함하고 있다. 누가 보다 더 빨리 정보를 얻는가에 승패가 달렸다는 말이다. 그런 빠름의 시대에 사는 사람들은 그 빠름에 익숙하여 느림을 견디지 못한다. 그리움이란 느림의 사랑이다. 디지털이 아닌 아날로그 사랑이다. 물론 지재당은 아날로그 시대의 사람이다. 그러나 그녀의 사랑은 아날로그보다도 더 느린 머뭇거림, 서성임의 사랑이다.

지재당(只在堂)은 김해 기생인 강담운(姜澹雲)의 호이다. 그의 연인 배전(裵㙉)의 호 차산(此山)과 함께 가도(賈島)의 시 '지재차산중(只在此山中)'에서 가져왔다. 오직 차산의 품에만 있겠다는 맹세의 말이기도 하다. 그녀는 시를 잘 지었을 뿐만 아니라, 글씨도 잘 썼다고 한다. 그녀 자신이 읊은 그녀의 일생은 한 많은 여인의 삶이었다. 그녀는 여덟 살에 어머니를 따라와 김해 관아의 기생이 되었다. 그녀의 시를 통해 평안도에서 태어났다는 것을 짐작할 뿐, 아버지가 누구인지 지금으로서는 알 수 없다. 왜 기생이 되었는지도 알 수 없다. 그러나 그녀는 열다섯 살에 백년가약을 맺고 부부가 되었다. 여자로서 새로운 삶이 열리는 것이다. 하지만 남편과는 첫날밤도 지내지 못하고 이별한다. 그녀의 표현대로 참으로 박명(薄命)하다. 이년 뒤 나이 열일곱에 어머니를 여의고 그녀는 삼 년 동안 눈물을 거두지 못한다. 나이 스물도 되기 전에 인생의 쓴맛을 다 맛본 것이다.

꿈같은 청루생활 이십 년
급한 삼현 육각 소리 물처럼 흘러갔네.
시인은 가는 눈썹 아름답다 말하지 마오
애간장 도려내도 근심은 베어내지 못했다오.
如夢靑樓二十秋　　催絃急管水爭流
詩人莫道嬋姸劒　　割盡剛腸未割愁
(「술회(述懷)」)

기녀(妓女)를 해어화(解語花)라 한다. 말하는 꽃이 되어 보낸 이십 년 세월이 물처럼 흘러갔지만, 그 세월은 그냥 흘러가지 않았다. 애간장을 다 도려내고도 근심을 남긴 채 흘러갔다. 아름답게 그린 가는 눈썹은 애간장을 도려내는 칼이 되었다. 그런 그녀이지만 노란 매화 열매 떨어지는 사월이면 그리움에 마디마디 애간장 모두 끊어져 소리 없이 흐르는 눈물로 베갯머리를 적신다. (「옛날을 추억함(憶昔)」)

지재당이 차산을 만난 것이 언제인지 정확히 알 수 없다. 그러나 이 시집에 대한 안광묵의 발문이 1877년 고종 14년 음력 섣달에 쓰였고, 시집이 간행된 뒤 상우라는 이름으로 쓴 서문이 1878년 늦겨울에 이루어진 것으로 미루어 본다면 이 시집은 1877년 겨울 혹은 1878년 봄에 간행되었다. 그렇다면 차산과 지재당은 이미 이전에 만났던 것이다. 1877년은 차산의 나이 서른넷이다. 이들은 차산의 나이 서른

초반 이전에 만났다. 그녀가 김해 관아의 기생이었고, 차산 또한 김해 인이며 김해 관아의 정자인 함허정에 거처한 적이 있으므로 만남은 자연스레 이루어졌을 것이다. 시·서·화에 뛰어난 문인화가였던 차산과 시를 잘 짓고 글씨를 잘 썼던 지재당과의 만남은 곧 연인으로 발전되었으리라 짐작된다. 이후 그녀는 지재당이란 당호와 함께 오직 차산만을 그리는 사랑을 하게 되었던 듯하다. 그러나 이때는 차산이 주로 서울에서 생활하던 때로 그들에게 이별은 다반사였을 것이다. 많은 이별을 시인은 그리움으로 키워 사랑을 일궈낸다.

> 먼 이별될까 근심 마시고
> 힘써 청운의 뜻 이루소서.
> 몸 마른 건 원래 병 때문이니
> 그리움에 감히 님을 원망하리오.
> 莫愁成遠別　　努力致靑雲
> 消瘦元因病　　相思敢怨君
> (「送山郞赴試臨江賦別」, 함련과 경련)

'과거 보러 가는 차산 낭군을 보내며 강가에서 이별을 읊네[送山郞赴試臨江賦別]'라는 시의 함련과 경련이다. 행여 자신을 생각하느라 공부에 소홀할까 염려하여 그리움에 몸이 마른 것을 병 때문이라 핑계한다. 또 난꽃과 사향의 귀함보다는 과거에 급제하여 계수나무 월계관 쓰기를 바라는 간절한 마음을 드러냈다.('난꽃과 사향 귀한 줄 모르겠으니, 계수나무 향기 물들기를 바라옵니다. 不知蘭麝貴, 要染桂枝薰.' 위의 시, 7, 8구) 그러나 그리움은 절로 자라는 풀처럼 자라서 쏟아지는 비에 문득 고개를 내민다.

꽃은 남겨두고 잎은 남겨두지 마시게
쏟아지는 빗소리 견딜 수 없다네.
留花莫留葉　　不耐雨聲多
(「연꽃을 자르네(剪芰荷)」, 3·4구)

　연꽃잎에 떨어지는 빗소리는 가만히 닫혀있던 그리움을 두드려 깨운다. 그리움에 온밤을 지새워야 하는 것은 사랑의 고통이다. 그러므로 꽃은 남겨두되 빗물을 받아 우는 꽃잎은 남겨두지 말라고 부탁한다. 그러다 결국 '그리움에 가득한 눈물방울로, 붓을 적셔 그립다 글자를 쓴다.(滴取相思滿眼淚, 濡毫料理相思字.)'(「봄날 편지를 붙임(春日寄書)」, 1·2구)

님은 고용나무 되고, 나는 덩굴 되어
백 년 동안 얼싸안은 가지가 되리.
郞作高榕妾女蘿　　百年纏繞在枝柯
(「멀리 계신 님에게(寄遠)」 1연 1, 2구))

　웃음을 파는 기녀이지만 마음을 파는 것은 아니다. 거친 삶 속에 비록 웃음을 팔아야 하는 처지이지만 그녀가 꿈꾸는 것은 영원한 사랑이다. 높은 용나무가 되고 덩굴이 되어서 백 년 동안 얼싸안은 영원한 사랑을 그리는 것이다.

회문시를 다 짜고 베틀에서 내려와
수정 발 걷어 노을빛을 마주하네.
강남 곳곳엔 천궁이 푸르게 우거져
제비는 날아오는데 님은 돌아오지 않네.

織罷廻文懶下機　　水晶簾捲對斜暉
江南處處蘼蕪綠　　燕子飛來君不歸
(「멀리 계신 님에게(寄遠)」 3연)

두견 소리에 봄 깊어 가니
누각에 올라 오지 않는 님을 쓸쓸히 기다리네.
杜宇聲中欲暮春　　登樓悵望未歸人
(「멀리 계신 님에게(寄遠)」 4연 1, 2구)

 이별한 님을 생각하며 한 자 한 자 회문시를 짠다. 전진(前秦)시대 두도(竇滔)의 아내가 회문시를 지어 비단에 짜 넣어 먼 곳에 있는 남편에게 보낸 것처럼 지재당 역시 서울에 있는 님, 차산에게 붙일 회문시를 짠 것이다. 회문시에 총총히 짜 넣는 사랑은 아날로그 시대의 사랑법이지만 오히려 디지털 시대에 배워야 할 사랑법이다. 왜냐하면 그 어떤 시대에도 사랑은 정성과 믿음으로 이루어지기 때문이다. 하지만 돌아오지 않는 님을 기다리는 일은 역시 쓸쓸하기만 하다. 지재당의 시에는 원망이 없다. 이별한 님에 대한 오랜 기다림이 원망으로 변할 듯도 하지만 그렇지 않다. 시인은 기다림을 그리움의 사랑으로 키워낸다.

시월 강남에 비 내리니
북쪽엔 눈 내리리라.
북쪽에서 눈 만나시거든
빗속에서 그리워하는 저를 생각하소서.
떠날 때 주신 귤 하나

손의 반지인 듯 아낍니다.
양주로 오시게 되면
돌아오시는 날, 만 개를 드리오리다.
十月江南雨　　知應北雪時
在北如逢雪　　懷儂雨裏思
臨行貽一橘　　愛似手中環
願作楊州路　　歸時萬顆還
(「서울로 가는 님과 이별하며(送別之京)」)

빨리 돌아오라는 말은 하지 않는다. 그저 자신은 언제나 그를 생각한다는 말을 비에다 슬쩍 빗대고, 매일 귤을 만진다는 것으로 둘러댄다. 하지만 님이 돌아오시는 날, 그를 위해 만개의 귤을 드리겠다는 것은 매일 매일 사랑의 귤을 키우겠다는 맹세이다. 시인의 섬세하고 아름다운 마음은 시 곳곳에서 쉽게 볼 수 있다.

술독에 술 익어 국화 향기 나니
머문 객 등불 켜고 긴 밤을 지키네.
한 잔 권하려다 잠시 손을 머물러
손가락 끝을 살짝 넣어 따뜻한지 재어보네.
金罍酒熟菊花香　　留客秋燈坐夜長
將進一盃還住手　　指尖輕試適溫涼
(「취랑의 집 가을밤 잔치(翠娘家秋夜讌飮)」)

술을 마시기 전 손가락 끝을 살짝 넣어 술의 온도를 재어보는 모습은 이 시인만이 묘사할 수 있는 탁월함이 아닌가 한다. 시의 세계를 한껏 현실로 끌어내리면서도 격조를 잃지 않는 묘사이다. 이런 묘사는 사물에 대해 세심하면서도 깊은 애정에서 나온다.

무한히 다정할 사, 한 쌍의 촉옥새
꽃 속에 머리 나란히 하고 하염없이 바라보네.
無限多情雙鸀玉　井頭花裏脉相看
(「죽지사(竹枝詞)」 3연 3·4구)

한 쌍의 촉옥새가 꽃 속에서 나란히 머리를 마주 대고 있는 모습이다. 마치 한 쌍의 연인이 꽃 속에서 다정한 모습을 사진 찍듯 머리를 맞댄 모습이다. 마치 그림처럼 펼쳐진 촉옥새의 형상이 매우 아름답지만 이를 묘사한 시인의 마음이 더욱 아름답다. 하나의 예만 더 보자.

어린아이 잠자리를 쫓는데
잠자리 꼬리 파르르 떠네.
잠시 보니 주렴 고리에 붙더니
어느새 복사꽃 끝에 붙어있네.
살금살금 복사꽃을 향하니
푸른 못 부평초로 옮겨붙네.
맨다리 공연히 고생만 시키고
놀라 저 멀리 날아가네.
稚子追蜻蜓　蜻蜓尾裊裊
俄看粘簾鉤　移粘桃花杪
潛步向桃花　粘萍在碧沼
赤脚空辛苦　驚飛去渺渺
(「그 자리에서 읊음(卽事)」)

잠자리를 쫓는 어린아이의 모습을 실감 나게 그렸다. 주렴 고리에 붙었던 잠자리는 아이가 다가오자 복사꽃 끝에 붙고, 다시 아이를 피해 푸른 연못 부평초에 붙더니 끝내 날아가 버린다. 잠자리를 쫓는 아이의 천진한 눈이 아니라면 묘사하기 어려울 듯하다. 시인은 이런 맑은 마음으로 오랜 기다림에 원망도 없이 하염없이 님을 기다린다. '소식 끊어진 지 오래이지만, 정은 더욱 지극하고(音書久斷情何極.「가을밤 장안에 붙임(秋夜寄長安)」2연 5구)', '고요한 밤 사람 없는데 달은 절로 밝고, 높은 곳 의지하여 하염없이 한양성을 바라보네.(夜靜無人月自明, 憑高悵望漢陽城.「가을밤 장안에 계신 님에게(秋夜寄長安)」3연 1·2구)

그리움이란 느낌의 사랑이다. 오직 한 사람만을 위해 오랜 세월 견딜 수 있는 자만이 얻을 수 있는 사랑이다. 그리고 그것은 감히 말하건대 온전한 사랑이다. 왜냐하면 사랑 역시 믿음과 기다림의 고통 속에 성장하는 것이기 때문이다. 그래서 사람들은 그들의 사랑을 비난하지 못하리라. '일심인(一心人)'이라 하고, '오직 그대 품에만 있겠다는 지재(只在)'는 그래서 더욱 아름다운 이름이 된다.

지재당소고 서문
(只在堂小稿序)

이재긍

　녹규관[1]에 세 번째 눈 오는 밤. 수선화가 처음 피고 매화가 맺힐 때, 홀로 깨끗한 책상에 기대앉으니 가슴속이 시원하여 한 점 티끌도 없다. 마침 차산 선생이 소매에서 여인의 시첩을 꺼내어 보여주면서 말했다. "이것은 지재당 담운의 시입니다." 내가 열어 보았더니 시정과 언어가 투명하여 티끌이 없으며, 환하여 그림과 같았다. 금릉의 풀 하나·꽃 하나·산 하나·물 하나가 환하게 눈에 들어왔다. 밝고 투명함이 남전에 나는 옥이 햇볕처럼 따뜻하고,[2] 여룡의 여의주가 밤을 밝히듯 하여 차마 손에서 놓지 못하였다.[3] 몇 번이나 만지작거리면서 후세에 전할 생각을 하였다. 아! 현재와 미래에 아마도 알아줄 자가 있어서 비단 병풍과 비단부채에 써서 전하는 자가 있을 것이니 내가 차마 손에서 놓지 못했던 뜻을 알게 될 것이다. 담운은 차산 선생의 조운이다.[4]

---

1) 녹규관은 이재긍의 서실이다. 녹규관에 대한 보다 구체적인 정보는 이성혜, 「姜澹雲의「金陵雜詩」에 묘사된 김해」(「퇴계학논총」 제39집, 퇴계학부산연구원, 2022.);「文人書畵家로 隱居한 我石 金鍾大」(「민족문화」 제61집, 한국고전번역원, 2022.)를 참조할 것.

2) 중국 섬서성 남전에서는 좋은 옥이 난다.

3) 여주(驪珠)는 여룡지주(驪龍之珠)를 말하는 것으로 검은 용의 턱 밑에 있는 귀중한 구슬이다.

4) 조운(朝雲)은 조운모우(朝雲暮雨)라는 말로 소실을 뜻한다. 초(楚)나라 회왕(懷王)이 고당(高唐)에서 노닐 때, 어떤 여인이 꿈에 침석(枕席)을 깔아 왕은 여인과 함께 행복을 누렸다. 그 여인은 무산(巫山) 남쪽, 고구(高丘) 언덕에 사는데 아침에는 구름이 되고 저녁에는 비가 되어 다닌다고 했다. 또한 소동파 소실의 이름이 조운이었다.

'지재'라는 당호는 '지재차산'의 뜻을 취한 것이다.[5] 이날 밤, 이 시집을 읽었다. 그때 설매와 수선이 곁에 있어 이 사정을 알았으니 이 또한 특이한 모양의 묘한 증거라 하겠다.

통정대부 행 홍문관 부제학 겸 규장각 검교대교 지제교 완산 이재긍이 쓰다.[6]

綠葵館第三雪夜. 水仙初開 梅花弄珠, 獨凭淨几而坐 胸襟炯然 無一點埃塵. 適此山先生 袖香奩一帖而示余曰. "此只在堂澹雲稿也." 余旣披閱 根情苗言 皭然不滓, 燦然如畵. 金陵之一草一花一山一水 悅如在阿睹中. 璀璨玲瓏 藍玉日暖, 驪珠夜明 不忍釋手. 幾回摩挲思所以不朽之. 噫! 現際來際 倘有賞音者 往往傳寫於錦屛紈扇之間 則必知余不忍釋手之意也. 澹雲卽此山之朝雲. 而堂顔只在 盖取只在此山之義也. 是夜讀此. 時有雪梅水仙之任傍知狀 是亦異樣妙證云爾.

通政大夫 行 弘文館副提學 兼 奎章閣檢敎待敎知製敎 完山 李載兢題.

---

5) 배전외 초 차산(此山)은 가도(賈島)의 시 「방노사불우(訪道者不遇)」에서 가져왔다. 이 시의 셋째 구절 '지재차산중(只在此山中)'에서 '차산(此山)'을 따온 것이다. 강담운은 여기에서 '지재(只在)'라는 말을 가져와 자신의 호를 삼아 '오직 차산의 품에만 있겠다.'라는 의미를 부여하였다.

6) 이재긍은 대원군의 셋째 형이자, 당시 영의정이었던 홍인군 이최응(興寅君 李最應)의 아들이다. 1873년 문과에 급제한 뒤 성균관의 대사성·이조(吏曹)와 호조(戶曹)의 참판·홍문관 부제학 등을 역임하고 1881년 정부에서 통리기무아문(統理機務衙門)을 신설하자 당상(堂上)으로 임명되었던 인물이다. 그는 개화당이 조직된 지 얼마 안 된 시기에 포섭되었던 것 같다.(이응린, 『개화당연구』, 일조각, 1979, pp.25~26.) 1874년 2월 17일 고종은 신임하는 인물들을 규장각의 요직에 임명한다. 이재긍은 이때 규장각 대교에 임명되었다. (이태진, 『고종시대의 재조명』, 태학사, 2000, p.290.)

지재당고 발문
(只在堂稿跋)

안광묵

　시는 정을 드러낸 것이다. 정이 없는 자는 시를 지을 수 없다. 그러나 또한 정이 있지만 시가 공교하지 않은 자도 있다. 새가 봄에 우는 것은 정이다. 그러나 잘 울고 잘 울지 못함이 있으니 하물며 시에 있어서랴! 금릉의 강담운 여사는 정도 있고 시도 공교하다. 타고난 재주와 영특함으로 일찍 문장을 알아 정에 따라 많은 시를 지어 깊이 중당과 만당의 묘한 경지를 얻었다. 아름다운 문채가 한 번 드러나면 곧 사람들에게 회자(膾炙)되었다. 내 일찍이 말하길, "천하의 여자로 시를 잘하는 사람이 없지 않았다. 양(梁)에 「옥대편」이 있었고, 당(唐)에 「화한집」이 있어 각기 한 시대에 아름다움을 독차지하였다.[7] 아! 지금 담운은 옛 여인들에 비교하여도 부끄럽지 않으니, 그 시를 전함에 「옥대편」과 「화한집」처럼 하지 않아서야 되겠는가!" 이우향 학사가 모아 편집하고 출판하면서 나에게 말미의 글을 맡겼다. 곧 자리에서 읽어보니 운율의 쟁쟁함은 쇠로 찧고 돌을 부딪치는 듯하고, 기운의 태깔은 칼의 번

---

7) 「옥대신영(玉臺新詠)」은 진(陳)나라 서릉(徐陵)이 편찬한 것으로 한(漢)나라에서 양(梁)나라까지의 시를 모은 것이다. 오언시 8권·가행(歌行) 1권, 오언이운시(五言二韻詩) 1권으로 되어 있다. 대개 기라지분(綺羅脂粉)의 말을 취하였는데 옛날에서 멀지 않았기 때문에 온유돈후(溫柔敦厚)한 기풍이 남아 있고, 음험한 말을 배척하였던 것은 아니다. 「화한집(花間集)」은 후촉(後蜀)의 조숭조(趙崇祚)가 편찬하였다. 당나라의 사(詞)를 모은 것이다. 사집(詞集)의 남상(濫觴)이 되었다. 10권이다.

쩍거림과 별의 번뜩거림이었다. 그 시경의 팽팽함은 이슬이 꽃에 맺히고 노을이 달에 걸린 듯하며, 그 광채의 환함은 짙푸른 풀빛이 물에 일렁이는 파문과 같았다. 한마디 말과 하나의 글자가 정에 근거하지 않음이 없다. 그러나 그 정이 꿰뚫어 보여주고 있는 것은 비록 심상하게 사람을 그리워하고, 옛날을 추억하는 시이지만 죽지사·조간사의 미미한 세속적인 격조와는 같지 않다. 그 당호 '지재'는 '지재차산'의 뜻을 취한 것이니 그리움의 그윽한 아취와 한결같은 맹세의 심정을 또한 알겠다. 마침내 글을 써서 지재당의 발문으로 삼노라.

정축년(1877, 고종 14년) 섣달에 총계산인 안광묵 요산이 쓰다.

詩發乎情者也. 無情者不可以作詩. 然亦有有情而詩不工者. 鳥之鳴于春也 情也. 而其鳴有善不善 而況於詩乎! 金陵女士姜澹雲 益有情而工于詩者. 天才儁朗 早悟文章 緣情諸作 深得中晚之妙. 麗藻一發 輒膾炙人口. 余嘗謂, "天下女子能詩者 不乏人. 梁有玉臺篇 唐有花間集 各專美於一代. 噫! 今之澹雲視古女子無愧 而傳其詩 顧不若玉臺花間之爲也!" 李又響學士衷輯錄梓之 而屬余以篇尾. 卽於座上讀之 調之鏗然 金春而石戛也, 氣之態然 劍花而星芒也. 境之盎然 露浮花而霞侵月也, 光之燁然 草碧色而水綠波也. 一言一字 莫不根乎情. 而其情之所貫輸 則雖尋常懷人, 憶舊之作 固不同于竹枝棗竿靡靡之響也. 顔其堂而只在 盖取只在此山之義 則其婉戀幽雅 矢一靡他之情 又可知也. 遂書之 爲只在堂跋云爾.

丁丑臘月 叢桂山人 安光黙 瑤山 跋.

지재당소고
(只在堂小稿)

상우

  내가 서울에 있으면서 녹규관 주인이 금릉여사 강담운의 시를 간행했다는 소식을 들었으나 보지 못하였다. 호남에서 영남을 유람하다가 금릉에 이르렀다. 한 달 남짓 머물면서 여행의 회포 쓸쓸하여 근심을 녹일 수 없었다. 어떤 사람이「지재당고」한 권을 가져와서 말했다. "이것은 담운의 시인데 녹규관에서 새로 낸 것입니다." 나는 먼 곳에서 옛친구를 만난 듯 기뻤다. 받아서 읊조리고 망녕되이 평을 더한다. 음조는 시원시원하여 한결같이 연지를 씻은 듯하고, 자태는 단아하여 마치 그 사람을 보는 듯하였다. 나는 원창산의 시화 가운데서 '옹졸한 마음 꽃 같은 모습에 어울리지 않고, 황금 집은 몰자비를 놓아두기 어렵네'라는 구절을 외운다. 담운과 같은 사람 또한 무엇이 부끄럽겠는가! 이 책은 마땅히 고향 산천에 가지고 가서 향을 피우고 차를 마시면서 뜻맞는 사람과 감상하리니 나를 위해 담운씨에게 신교를 맺자고 말해주시오.

  지재당소고 끝. 무인년(1878년) 늦겨울 상우가 씀.

  余在京師 聞綠葵舘主人 梓金陵女士姜澹雲之詩 而未及見之. 自湖南旅游嶺外 轉而至金陵. 留月餘 羈懷涔寂 苦無以消愁. 人有袖只在堂稿一卷來曰. "此澹雲詩 而綠葵舘新本也." 余欣如舊友之相逢於天涯. 受言莊誦 妄加評騭. 音調瀏瀏 一洗粉脂, 天姿嫣然 如見其爲人. 余誦袁蒼山話中 '蓬心不稱如花貌, 金屋難貯沒字碑.' 若澹雲者 又何愧哉! 此卷當携歸故山 蓺香啜茶 與意中人賞之 爲我語澹雲氏 以託神交焉.

  只在堂小稿終 戊寅季冬 尙友書.

녹규관에서 시를 지어
고졸한 작은 글씨 한 책을 찍어냈네.
세상 사람들 법언도 장독 덮게 된다, 비웃으니[8]
담운은 어떤 인물로 무슨 말을 지었나.
綠葵館裏播新詩　　梓出蠅頭一冊奇
世笑法言還覆瓿　　澹雲何物製何辭
무호인이 덧붙인다. (无號人 添足)

예쁜 도랑에 부용 처음 필 때
향기 탐하여 문채 낼 남아 몇이던가.
남자의 마음 일정함 없어
좋은 글귀 따라 뜻 절로 옮겨가리.
玉潋芙蓉初發時　　探香飾藻幾男兒
男兒腔子如無定　　佳句爲媒志自移
소야(蘇野)

---

8) 「법언(法言)」은 한나라 양웅(揚雄)이 지은 「양자법언(揚子法言)」을 말한다. 양웅은 한나라 성도 사람으로 어려서부터 배움을 좋아하여 여러 책을 박람하였고, 문장으로 이름을 날렸다. 그는 「양자법언」외에도 「태현경(太玄經)」, 「방언(方言)」, 「훈찬(訓纂)」등을 남겼다.

只在堂 姜澹雲의 詩集

간담은 著　배진산 校　이성혜 譯

분산성 성벽

해은사

무척산

봉황대

그대 마음에

감회 感懷

열다섯에 부부가 되어	十五爲夫婦
첫날밤도 못 지냈네.	芳年未破苽
오늘 아침 거울 속에	今朝明鏡裏
흰머리 뽑으니 꽃다운 나이 어디 갔나.	鑷白感年華
고니는 어찌 멀리 날아가고	黃鵠擧何遠
기러기 하늘가로 떠나갔네.	離鴻天一涯
반들반들 문 앞의 버들	濯濯門前柳
심을 땐 까마귀도 감당하지 못했는데	栽時不勝鴉
낭군 그리워 감히 자르지 못하여	思君敢剪伐
우뚝함 열 아름 되었네.	軒昻十圍過
한 쌍의 하얀 깃털 까치	一雙白翎鵲
짝지어 나뭇가지 두르며 나네.	雙飛繞枝柯
열심히 나뭇가지 물어와서	辛勤含爛木
5일 만에 집을 반이나 지었네.	五日成半家
하루아침에 수컷 날아갔으니	一旦雄飛去

슬픈 울음소리 그대를 어찌할꼬.	悲鳴奈爾何
남편은 볼 수 없고	良人不可見
삼성은 홀연 서쪽으로 비껴가네.	參星焂西斜
가을바람은 비단 장막을 흔들고	秋風拂羅幕
하얀 이슬은 뜰 잔디에 떨어지네.	白露下庭莎
동쪽 집 여인 베 짜기를 재촉하여	促織東隣女
찌륵찌륵 베틀 북을 놀리네.	軋軋弄機梭
원앙새긴 비단을 짜내어	織出元央錦
가위로 어김없이 잘라내어	雙刀剪不差
두 줄기 눈물 보태오니	添寄兩行淚
그대 잘 어루만져 주소서.	願君好摩挲

탕장곡을 함허정
친구에게 붙임
盪槳曲寄涵亭女伴

한들한들 늘어진 수양버들	嫋娜垂楊柳
긴 줄기 이별을 묶네.	長條縮別離
고운 홍두꽃	蟬妍紅豆花
맺은 씨앗 그리움 푸네.	結子解相思
연꽃과 연잎	蓮花復蓮葉
크고 작게 푸른 못에 떠 있네.	參差汎綠池
꽃과 잎 어찌하여 꺾는가	花葉何須折
꺾어도 뿌리에 실 이어지는걸.	堪折藕連絲
가련한 젊은 여인	剛憐少兒女
상앗대 저으며 맑은 물결 희롱하네.	盪槳弄淸漪
맑은 물결 맑고 또 얕아	淸漪淸且淺
배가 붙어 밀어도 가지 않네.	膠舟盪不移
배 멈추고 아득히 고개 돌려 보니	停舟渺回首
해 떨어져 갈 곳 모르겠네.	日落迷所之
마름 열매 어찌 가시도 많은지	菱角何多刺
치마 걷고 물 위를 천천히 걷네.	褰裳步水遲

쌍쌍이 나는 원앙새	兩兩元央鳥
울며 날아가더니 다시 여기 있네.	飛鳴復在玆
아, 멀리 간 사람	所嗟遠遊人
하늘 저 끝에 있네.	隔是天一涯

l 8구의 원문 '우련(藕連)'은 '우단사련(藕斷絲連)'를 말한다. '우단사련'은 연뿌리를 절단해도 그 실은 이어져 있다는 말로 이별을 하고서도 여전히 그리워하는 여인의 마음을 비유한다.

과거보러 가는 차산 낭군을 보내며 강가에서 이별을 읊네
送山郞赴試臨江賦別

봄바람 역랑을 불러일으켜
푸른 강가에 말을 세웠네.
먼 이별 될까 근심 마시고
힘써 청운의 뜻 이루소서.
몸 마른 건 원래 병 때문이니
그리움에 감히 님을 원망하리오.
난꽃과 사향 귀한 줄 모르겠으니
계수나무 향기 물들기를 바라옵니다.

東風吹逆浪　　立馬碧江濆
莫愁成遠別　　努力致靑雲
消瘦元因病　　相思敢怨君
不知蘭麝貴　　要染桂枝薰

한 쌍의 나비
雙蝶

어디서 왔는지 한 쌍의 나비
가벼운 금박 옷 고아라.
밤마다 꽃 사이에서 자고
아침마다 꽃 속을 날아다니네.
다만 꽃이 예전 그대로라면
꽃 같은 환한 마음 어찌 어기리오.
봄빛이 홀연 영락하니
비바람에 의지할 곳 없구나.
홀로 생각하니 장안의 나그네는
저물도록 돌아올 줄 모르네.

何來一雙蝶　　輕盈金粉衣
暮暮花間宿　　朝朝花裏飛
但便花依舊　　芳心豈願違
春光焂零落　　風雨失所依
獨念長安客　　遲暮不知歸

봄날 편지를 부침
春日寄書

그리움에 가득한 눈물방울로
붓을 적셔 그립다 글자를 쓰네.
뜰앞 바람이 푸른 복사꽃에 부니
쌍쌍의 나비가 꽃을 안고 떨어지네.

滴取相思滿眼淚　　濡毫料理相思字
庭前風吹碧桃花　　兩兩蝴蝶抱花墜

연꽃을 자르네
剪芰荷

해는 횡당물에 떨어지고
아이는 연을 캐네.
꽃은 남겨두고 잎은 남겨두지 마시게
쏟아지는 빗소리 견딜 수 없다네.

落日橫塘水　　兒童剪芰荷
留花莫留葉　　不耐雨聲多

l 「대동시선(大東詩選)」 권10에 「연 따는 것을 보며(觀採荷)」라는 제목으로 차산 배전의 시로 되어 있다.

차산 낭군에게 답함
答山郎

당신은 핀 꽃이 좋다고 하시지만
저는 피지 않은 꽃이 좋습니다.
꽃이 피면 열매 맺는다고
화장이 잘 받지 않아요.

郎道開花好　　儂好未開花
花開耽結子　　褪却艶鉛華

낭군께서 동래성에 가서 만년대에 올라 정우전을 그리워하며 '추류사' 4절을 지어 보내셨기에 그 자리에서 화답하여 한 절을 보탠다

郞作萊城之行 登萬年臺 懷鄭雨田 賦秋柳詞四絶寄示 卽席和韻添附一絶

고개 하나 강 세 줄기 길 몇 번 돌아
흰 구름 높이 안은 봉래를 바라보네.
비도 바람도 끊어진 버들 언덕
그대 홀로 만년대에 오르셨군요.

만년대 아래로 공연히 고개 돌리지만
돌아오는 상장 깃발 보이지 않네.
가련하다 버들잎 다 떨어져
성곽에 부는 가을바람 저녁 피리 소리 슬프네.

우전의 시에 '상장의 깃발 말 위에 높네'라는 구절이 있다. 雨田有'上將牙旗一馬高'句

一嶺三江路幾廻　　白雲高擁見蓬萊
斷雨零風楊柳岸　　知君獨上萬年臺

萬年臺下首空回　　不見牙旗上將來
可憐楊柳今搖落　　殘郭西風莫笛哀

길고 짧은 버들가지에
봄바람 불고 가을비 내리던 만년교.
꾀꼬리 소리 끊어지고 매미 소리 그치니
모두 풍류 안고 말없이 애간장을 녹이네.

만년교 아래 노을 지고
수양버들 꺾으려 하나 늦음을 어찌하랴.
애석하다, 풍류남아 장적은
지금 영락하여 장사에 계시다네.

우선은 문천으로 좌천되었다. 雨田貶文川

楊柳長條復短條　春風秋雨萬年橋
鶯聲已斷蟬聲歇　都把風流黯裏銷

萬年橋下夕陽斜　欲折垂楊奈晚何
堪惜風流張散騎　至今零落在長沙

장사에 유배 감은 예나 지금이나 가련한데
늙음은 끝내 가의 나이 아니라네.
태평한 시대 좋은 시, 기억하시는가
한 지방 백성들 요임금 시절 칭송하네.

우전의 시에 '일 만섬 좋은 쌀 해국으로 돌아오니, 한 지방 백성들 요임금 시절 칭송하네'라는 구절이 있다. 雨田詩, 有'萬斛長腰歸海國, 一區生齒戴堯天'句.

長沙謫去古今憐　　老大終非賈誼年
記得昇平詩句好　　一區生齒戴堯天

| 우전(雨田) 은 정현덕(鄭顯德, 1810~1883)의 호이다. 정현덕은 1867년(고종 4) 6월부터 1874년(고종 11) 1월까지 6년 7개월간 동래부사를 지내면서 일본과의 교섭을 담당했다. 대원군이 실각한 뒤, 파면 되어 유배되었다.
| 가의(賈誼) 는 전한(前漢) 문제(文帝) 때의 문신이다. 낙양 사람으로 문제 때 박사(博士)에서 태중대부(太中大夫)가 되었는데, 뒤에 장사왕(長沙王)의 태부(太傅)로 좌천되었다가 다시 양회왕(梁懷王)의 태부(太傅)가 되었다. 당시 사람들은 그를 '가태부' 혹은 '가생'이라 불렀다. 33세에 요절하였다. 저서에 「신서(新書)」, 「가장사집(賈長沙集)」이 있다.

봉황대
鳳凰臺

봉황산 위의 달
봉황대를 비추네.
봉황대 텅 비어 사람 보이지 않고
쓸쓸히 홀로 배회하네.

鳳凰山上月　　流照鳳凰臺
臺空人不見　　怊悵獨徘徊

가을 새벽의 연못
池塘秋曉

가을 연못 물 맑고 새벽 별 찬데
개개의 명주를 옥쟁반에 받쳤네.
날 밝으면 어느 곳에서 볼꼬
연잎에 동글동글 맺힌 이슬이 정답구나.

秋塘水白曉星寒　　箇箇明珠擎玉盤
到得天明何處見　　移情荷葉露團團

차산 낭군 술 취함을 조롱함
嘲山郞醉頹

비취 주렴 향기, 호박 비녀
옥가락지 산호 패물, 값이 얼마인데.
훔쳐다가 어느 집에 맡기고 술을 마셨는지
철쭉꽃 앞에서 잔뜩 취하셨네요.

翡翠簾香琥珀釵　　玉環珊珮價高低
偸將典飮誰家酒　　躑躅花前醉似泥

굽은 개울
曲澥

굽은 개울에 연꽃 만 줄기 향기
참으로 사랑스러운 두 마리 원앙.
비취 갈기 붉은 털 마주 대하고 자는데
그림배에 가는 비가 시원함을 보내네.

曲澥荷花萬柄香　　剛憐七十二元央
翠鬣紅毛相對睡　　畵船絲雨送微凉

서울로 가는 님과 이별하며
送別之京

시월 강남에 비 내리니
북쪽엔 눈 내리리라.
북쪽에서 눈 만나시거든
빗속에서 그리워하는 저를 생각하소서.
떠날 때 주신 귤 하나
손의 반지인 듯 아낍니다.
양주로 오시게 되면
돌아오시는 날, 만 개를 드리오리다.

十月江南雨　　知應北雪時
在北如逢雪　　懷儂雨裏思
臨行貽一橘　　愛似手中環
願作楊州路　　歸時萬顆還

야초 선생에게 부침
寄野樵先生

천 권 독서에 귀밑머리 희고
한강의 눈 강호의 서리, 늙어 이별이네.
푸른 벽 붉은 난간 노래하고 춤추던 곳
사람 없어 야초 시를 외우지 못하네.

讀書千卷鬢成絲　　漢雪湖霜老別離
碧榭紅欄歌舞地　　無人不誦野樵詩

매화를 대하여 차산 낭군을 그리워함
對梅花憶山郞

매화 가지 잡고서 님인 듯 여기나니
빛깔은 가을 물처럼 맑아 티끌도 없네.
시 짓느라 여위신 몸을 상상하면서
낡은 오두막 눈바람 몰아쳐도 가난한 줄 모르네.

枉把梅花擬美人　文章秋水絶纖塵
想像緣詩淸瘦骨　獘廬風雪不知貧

봄꿈
春夢

수정 주렴 밖 해 장차 기울고
길게 늘어진 버들 푸른 난간을 덮었네.
가지 위 꾀꼬리 울음 상관하지 않고서
그대 찾아 꿈에 이미 장안에 이르렀네.

水晶簾外日將闌　　垂柳深沈覆碧欄
枝上黃鸝啼不妨　　尋君夢已到長安

그리움
想得

꾀꼬리 소리 작은집 동쪽에서 또렷하고
복사꽃 처음 피고 버들개지 나부끼네.
그리움에 발 걷고 잔걸음으로 나가면
행랑을 돌아 자취도 없이 비단 신에 붉은 꽃물 들겠지.

嚦嚦鶯聲小院東　桃花初日柳絲風
想得捲簾微步出　繞廊無跡繡鞋紅

l 차산 배전의 시에 「무제(無題)」라는 제목으로 같은 시가 있다.

빈 뜰에
서성이며

이웃집이 매우 가난하여 남은 것 없이 퇴락하였다.
하루는 새로 제비가 날아와 허물어진 들보를 수백 번
맴돌면서 집을 지으려고 하나 지을 곳이 없자
처연하게 슬퍼하는 듯 하였다. 돌아와서 시를 짓는다.

隣家甚貧 頹落無餘 一日見新燕飛來 百回杞樑 營巢無處 若將悵然旋 歸聊賦一絶

초가지붕 덮지 못하고 들보도 기울어져

부엌 아궁이 불 때지 못해 오래도록 차네.

둥지 정하지 못하고 날아돌아가니

초가집 가난함을 제비가 아는구나.

茅茨不蔽棟梁欹　　廚下烟寒久未炊
新巢未定翻回去　　白屋艱難燕子知

멀리 계신 님에게
寄遠

님은 높은 용나무 되고, 나는 덩굴 되어
백 년 동안 얼싸안은 가지가 되리.
숲 찾는 도끼 가까이 올까 두려우니
정의 뿌리 베어 가면 그를 어찌할꼬.

郎作高榕妾女蘿　　百年纏繞在枝柯
生來怕近搜林斧　　割到情根奈爾何

꿈속에서 언뜻 만난 것 분명하여
반쪽이불 따뜻한데 잠 깨니 비었네.
푸른 파초잎과 오동잎
어젯밤은 빗소리, 오늘 밤은 바람 소리.

相見分明片夢中　　半衾猶煖覺成空
碧芭蕉葉梧桐葉　　昨夜雨聲今夜風

회문시를 다 짜고 베틀에서 내려와
수정 발 걷어 노을빛을 마주하네.
강남 곳곳엔 천궁이 푸르게 우거져
제비는 날아오는데 님은 돌아오지 않네.

織罷廻文懶下機　　水晶簾捲對斜暉
江南處處蘼蕪綠　　燕子飛來君不歸

두견 소리에 봄이 깊어 가니
누각에 올라 오지 않는 님을 쓸쓸히 기다리네.
복사꽃 가지 다정도 하여
한 점 티끌 없는 비단옷 입없네.

杜宇聲中欲暮春　　登樓悵望未歸人
多情最是桃花片　　故着羅衣不點塵

벽옥의 난간에 대모 장식 들보
비단 바람은 온갖 꽃향기를 날리네.
담황색 주렴, 주렴 밖은 비 내리고
진흙 머금은 붉은 제비 낭랑히 말을 하네.

碧玉欄干玳瑁樑　　綺羅風動百花香
丁字緗簾簾外雨　　含泥紫燕語琅琅

I 대모(玳瑁)는 열대지방의 바다거북 등껍질로 만든 장식이다.

수로왕릉의 가을 버들
納陵秋柳

가을바람 한 곡조에 애간장 끊어지고
서문에 비친 노을 그림자 비껴있네.
고금에 끝없는 무한한 그리움
날아오는 꾀꼬리 보이지 않고 저녁
갈까마귀 소리만 들리네.

腸斷秋風一曲歌　　白門殘照影斜斜
古今無盡隋堤恨　　不見飛鶯聽暮鴉

l 첫 번째 시, 3구 원문의 '수제(隋堤)'는 수양제(隋煬帝)가 황하를 따라 둑을 쌓고 그 옆에 심은 수양버들을 말한다. 그 길이는 300여 리나 된다고 한다.
l 첫 번째 시, 갈까마귀는 돌아오지 않는 님에 대한 그리움을 상징하고, 꾀꼬리는 사랑의 속삭임을 상징한다.

쓸쓸히 필마로 하늘가를 향하니
물 멀고, 산 아득한 이별이라네.
옛날엔 꺾어 주었으나 이젠 꺾지 않으리
이미 늙은 가지 어찌 차마 꺾으리.

蕭蕭匹馬向天涯　　水遠山長此別離
昔時拚折今休折　　忍折無情已老枝

천추의 가지 아래 끝없는 생각
쓸쓸한 눈물처럼 이슬은 마르지 않네.
어찌 견디랴, 술 깨면 사람 더욱 멀어지리니
매미 소리 끊어지자 석양이 차네.

秋千枝下思無端　　悵望如啼露未乾
耐可酒醒人更遠　　一蟬聲斷夕陽寒

옛날부터 혼을 녹이는 칠월의 버들
새벽바람 지는 달 더욱 처량하다.
근심의 가지 한의 잎 많기도 한데
다시는 이별의 정을 묶지 못하네.

終古鎖魂柳七郎　　曉風殘月倍凄淸
愁條恨葉知多少　　無復絲絲綰別情

곱고 따뜻한 봄날에 풍류를 독점하여
부질없이 꽃을 날려 춤추는 자리에 떨어뜨렸지.
늙음이 온다는 것, 오늘 안 것 아니니
당시에 이미 암담하였지요.

風流早占艶陽天　　謾遣飛花落舞筵
終知老至非今日　　只是當時已黯然

지정을 방문하여
池亭見訪

바라보니 봉산의 빛깔
여러 해 꿈에 들어 푸르네.
옛날 이별 자리 어디든가
상봉 또한 이 정자라네.
제비는 가랑비 내리는 강에서 울고
물고기 비릿한 물꽃을 뜯네.
어찌 차마 옛일을 물으리
오동잎 반이나 떨어졌거늘.

望裏蓬山色　多年入夢靑
昔別曾何所　相逢又此亭
燕鳴江雨細　魚唼水花腥
那堪問故舊　桐葉半凋零

그 자리에서 읊음 _{即事}

어린아이 잠자리를 쫓는데
잠자리 꼬리 파르르 떠네.
잠시 보니 주렴 고리에 붙더니
어느새 복사꽃 끝에 붙어있네.
살금살금 복사꽃을 향하니
푸른 못 부평초로 옮겨붙네.
맨다리 공연히 고생만 시키고
놀라 저 멀리 날아가네.

稚子追蜻蜓　　蜻蜓尾裊裊
俄看粘簾鉤　　移粘桃花杪
潛步向桃花　　粘萍在碧沼
赤脚空辛苦　　驚飛去渺渺

가을밤 장안에 계신 님에게
秋夜寄長安

서정에서 송별시 또렷이 기억하니	牢記西亭送別詩
강남에 어느 날 그리움 없으랴.	江南何日不相思
붉은 연꽃에 밝은 달 비치는 밤	紅菡萏花月明夜
푸른 파초 잎에 빗소리 들렸지.	碧芭蕉葉雨聲時
꿈을 꾸어도 누구에게 말을 할꼬	縱然有夢憑誰說
애틋하게 머금은 정 혼자만 아네.	另是含情只自知
어찌하면 이 몸에 날개를 달아	安得此身生羽翼
멀리 기러기 따라 하늘 끝에 이를꼬.	遠隨鴻鴈到天涯

객이 되어 장안에 있을 그대를 생각하니	念君爲客在長安
예전의 범저처럼 여전히 가난하리.	依舊絺袍范叔寒
가을하늘 은하수는 흰 베를 표백한 듯	鴈背明河橫素練
버들 끝에 지는 달은 금동이를 걸어 놓은 듯.	柳梢殘月掛金盆
소식 끊어진 지 오래인데 정은 어찌 이리도 지극한지	音書久斷情何極
관문과 고개 거듭 막혀 꿈에도 가기 어렵네.	關嶺重遮夢亦難
동쪽 울타리 아래 손수 심은 국화	手種東籬籬下菊
중양절에 술잔 잡고 누구와 함께 볼까.	重陽把酒共誰看

그대,
그리움을
아는가

고요한 밤 사람 없는데 달은 절로 밝고	夜靜無人月自明
높은 곳 의지하여 하염없이 한양성을 바라보네.	憑高悵望漢陽城
흰 구름 하늘 가, 외기러기 날아가고	白雲天際一鴻去
가을 연못에 한 쌍의 오리가 우네.	秋水池塘雙鴨鳴
용문에 오르려 하나 문이 뜨거우니	縱有登龍門戶熱
포의 선비 탄협함을 그 누가 가련히 여길꼬.	誰憐彈鋏布衣生
좋은 농지 이곳으로 귀거래 함이 좋을 듯하니	頃田負郭歸田好
재상은 원래 육국을 가벼이 여긴다네.	相印元來六國輕

| 두 번째 시 2구 원문의 '제포(綈袍)'는 '제포연연(綈袍戀戀)'이란 말이다. 위(魏)나라 수가(須賈)가 그의 벗 범저(范雎)의 궁한 처지를 동정하여 제포를 준 고사에서 나온 말로 벗을 그리워하는 정이 간절함을 말한다. '범숙(笵叔)'은 범저를 말한다. 그는 전국시대 위나라 사람으로 후에 원교근공책(遠交近攻策)을 진(秦)의 소양왕(昭襄王)에게 진언하여 재상이 되고 응후(應侯)에 봉해졌다.

| 세 번째 시, 6구의 탄협(彈鋏)은 전국시대 제(齊)나라 왕족인 맹상군(孟嘗君)의 문객(門客) 풍환(馮驩)이 칼자루를 치며 대우가 나쁜 것을 한탄하는 노래를 부른 고사에서 유래하였다.

| 세 번째 시, 7구의 부곽전(負郭田)은 성곽을 등진 밭이란 뜻으로 성 근처의 비옥한 농지를 말한다.

님과 이별하며
送別

아득한 고개 머리 흰 구름 날고
서쪽으로 가는 필마 돌아올 날 언제인가.
지관에 정을 찾던 빈객들 흩어지고
척령 아득하여 형제 우애 어긋나네.
꺼져가는 등불에 귀뚜라미 소리
어찌 그리 괴로운지
찬 이슬 맺힌 부용꽃 점점 드물다.
용문을 향하여 모름지기 길을 얻어야 하니
산에 들어 은거할 옷 짓지 못하네.

迢迢隴首白雲飛　匹馬西行幾日歸
池舘索情賓客散　鴒原悵望弟兄違
燈殘蟋蟀聲何苦　露冷芙蓉花漸稀
好向龍門須得路　不堪料理入山衣

14구의 원문 '영원(鴒原)'은 '척령재원(鶺鴒在原)'을 줄인 말로, 형제가 서로 위난(危難)을 구제함을 비유한 말이다.

그대,
그리움을
아는가

쓸쓸히 바라보며
悵望

푸른 통에 술 익는 좋은 절기
홀로 난간에 기대어 쓸쓸히 바라보네.
만장대 앞 구름 막막하고
사충단 아래 비가 부슬부슬.
굽은 도랑 꽃 피어 두 꼭지 가련하고
동산에 늙은 나무 이은 가지 사랑스럽다.
봄바람 이별 후에 그리운 정은
열 폭 어전지에 몇 수의 시를 쓸꼬.

碧筒酒熟有佳期　　獨倚欄干悵望時
萬丈臺前雲漠漠　　四忠壇下雨絲絲
曲潎花開憐幷蔕　　芳園樹老愛連枝
春風別後相思恨　　十幅魚箋幾首詩

l 만장대(萬丈臺)는 김해 사람들이 분산[분성산]을 부르는 다른 말이다. '만장대'라는 글씨는 김해 분산성 내에 새겨져 있는데, 흥선대원군이 썼다. 1990년 김해문화원과 문화진흥회에서 '충의각(忠義閣)'이라는 비각을 세웠다.
l 사충단(四忠壇)은 임진왜란 당시 의병을 일으킨 4명의 충신을 기리기 위해 세운 제단으로 원래 동상동 연화사 안에 있었으나 도시개발로 인해 지금의 자리로 옮겼다.

시든 꽃을 주우며

늦봄
暮春

시든 꽃 참으로 박명하여
밤에 온 바람에 떨어졌구나.
아이 녀석도 가련한 듯
뜰 가득한 붉은 잎 쓸지 못하네.

殘花眞薄命　　零落夜來風
家僮如解惜　　不掃滿庭紅

횡당곡
橫塘曲

횡당에 가서 연꽃 따기로 약속했는데
연꽃 연밥 참으로 사랑스럽다.
횡당에 날 저무니 바람과 물결 급하여
힘 약해 목란배를 돌리지 못하네.

約伴橫塘去采蓮　　蓮花蓮子正堪憐
橫塘日暮風浪急　　力弱難回木蘭船

취랑의 집 가을밤 잔치
翠娘家秋夜讌飮

술독에 술 익어 국화 향기 나니
머문 객 등불 켜고 긴 밤을 지키네.
한 잔 권하려다 잠시 손을 머물러
손가락 끝을 살짝 넣어 따뜻한지 재어보네.

金罍酒熟菊花香　留客秋燈坐夜長
將進一盃還住手　指尖輕試適溫涼

끊어진 꿈
夢斷

수탉 첫울음에 꿈이 끊어지고
버들 끝에 걸린 달 남은 빛을 반짝이네.
인간 세상 원앙이불 따스하고 차가운 밤
슬픔과 기쁨 역력한 정을 모두 비추네.

夢斷黃鷄第一聲　　柳梢斜月耿殘明
鴛衾冷煖人間夜　　照盡悲歡歷歷情

가벼운 배
輕舟

가벼운 배 바람을 타고
점점 난 깊은 곳으로 들어가서.
원앙 한 쌍 놀라게 하고는
푸른 파도만 남기고 무심히 지나가네.

輕舟一任風　　漸入蘭深處
驚起雙元央　　綠波渺然去

강가의 단오
江頭端午

굴원의 끝없는 원망을 안고
멱라수는 밤낮으로 흘러가네.
해마다 맞는 단오날
다투어 강가를 건너네.

屈子無窮怨　　汨羅日夜流
年年端午日　　競渡此江頭

l 굴원은 중국 전국시대 초기 초(楚)나라의 정치가이자 시인이다. 모함받아 유배되었고, 결국 유배지에 있는 멱라수 에 몸을 던져 생을 마감하였다.

l 4구의 '경도(競渡)'는 5월 5일 물 위에서 즐기는 놀이이다. 작은 배를 나란히 하고, 서로 빨리 가려고 경쟁한다. 이 풍속은 멱라수에 빠져 죽은 굴원을 안타깝게 여기며 배를 타고 가서 그를 구하려는 마음에서 비롯되었다고 한다. (『형초세시기(荊楚歲時記)』)

집을 지음 卜築

호계에 흐르는 물 서쪽 마을로 흘러가고
새로 지은 초가집 먼지 한 점 없다네.
어젯밤 동풍은 비를 불러 지나더니
담장 사이 두고 꽃을 보내는 사람 많네.

虎溪流水水西隣　　新築茅堂絶點塵
昨夜東風吹雨過　　隔墻多是送花人

I **호계**는 지금의 김해 동상동 호계로를 흐르던 소하천으로, 현재는 복개되어 볼 수 없다.

일본 수신사의 행차를 듣고 한 절구를 지어
진참 기녀 취향의 둥근 부채에 제함
聞有日本修信之行 謾吟一絶 題趁站妓翠香團扇

동으로 흐르는 물 따라
도도히 바다를 건너가네.
물결은 평탄한 길처럼
탈 없이 가는 배 보호하소.

願作東流水　　滔滔入海流
風波如坦道　　無恙護行舟

취향을 대신해서 딸을 곡함
代翠香哭女

어미 일 나가니 할머니를 따라다녀	阿母常離祖母隨
상에는 대추、밤、배 놓아두네.	床頭棗栗與糖梨
짧은 처마에 가을 해는 여름처럼 길어	短簷秋日長如夏
왕왕 고운 울음 젖을 찾는구나.	往往嬌啼索乳時
눈 가득 슬픔을 억지로 감추고	滿眼悲來強抑悲
창 앞 한 걸음이 천 리 가는 듯하네.	窓前一步若天涯
주룩 흘리는 눈물 어미 마음 상할까봐	潛淚恐傷慈母意
빈 계단 떨어진 꽃가지에 뿌리네.	空階灑向落花枝
동쪽 마을에서 점을 치고, 북쪽 마을 병원 가니	東隣問卜北隣醫
의사는 고치기 어렵다 하고, 점은 의심없다 하네.	醫道難醫卜不疑
컴컴한 길 동풍이 비를 뿌리는 밤	路黑東風吹雨夜
네 아버지 박정함을 네 어찌 알리.	爾爺恩薄汝安知
황천길 길이 멀어 가기도 더딘데	重泉路遠去應遲
아마도 고개 돌려 어미를 그리워하리.	倘是回頭戀母慈
안개 끼고 비 내리는 배꽃 피는 달밤	半烟半雨梨花月
아득히 손짓해도 끝내 모르리라.	杳杳招招竟不知

비단 치마에 꼭꼭 싸서 안고 문을 나와	深裹羅裳抱出門
청산 한 삽 흙으로 황천에 부치네.	靑山一揷付荒原
어제는 좋아하며 소꿉 상자 뒤지더니	昨日嬉探斑篋裏
비단 조각 하나에도 마음이 배로 상하네.	零紈片錦倍傷魂
네 어미 유락하여 강남에 이르러	爾孃流落到江南
서상의 일 생각하니 견딜 수 없네.	憶事西廂思不堪
후생에는 창가의 딸로 태어나지 말고	他生莫作娼家女
부잣집 가문에 좋은 사내 되거라.	好向侯門做好男

l 서상(西廂)은 「서상기(西廂記)」를 뜻하는 것으로 보인다. 「서상기」는 중국 원나라 왕실보의 희곡으로 앵앵과 장생의 사랑 이야기이다. 곧, 남녀 사랑의 문제를 의미하는 것으로 보인다.

혼자 회포를 쓰다
獨日書懷

해 돋는 나무에 반가운 까치 날아오고
제비는 진흙을 가져오네.
겨우 집 한 칸을 마련하니
이는 모두 병아리 키우려는 마음.
어미 닭이 털을 모두 세우니
꼬리에는 여덟, 아홉 마리 병아리 따르네.
내 약함을 잊고 개와 싸우는 것은
새끼들이 많아서 힘이 나기 때문이지.

爛木隨靑鵲　　新泥逐玄禽
辛勤開一屋　　俱是養雛心
母鷄毛盡竪　　尾隨八九兒
搏犬忘吾弱　　藉重在多兒

늦봄의 밤
暮春夜

봄은 점차 다하고 등불 하나 외로운데
달 떨어진 성 머리에 자고새 우네.
배꽃은 비를 머금고 봄 안개는 어두운데
나는 강촌춘설도에 앉았네.

漸看春盡一燈孤　　月落城頭啼鷓鴣
梨花帶雨春烟暝　　坐我江村春雪圖

우향 이대교가 낙천재 시전을
주어서 감사의 시를 지음
謝又響李待教惠賜樂天齋詩箋

대교께서 감사하게 시전지를 주시니
고운 빛깔 붉은 연지 물들었네요.
만지고 또 어루만지는데
오사란에 낙천이라 찍혀 있네요.
사람살이 한평생에
즐거운 날 얼마일까요.
지금부터 즐겁거나 즐겁지 않거나
기쁨의 시를 가득 쓰렵니다.

感君惠我箋　　鮮色染紅臙
摩挲復摩挲　　絲闌印樂天
人生百年間　　歡樂能幾時
從今樂莫樂　　滿寫喜歡詩

장난삼아 옥파에게 줌
戲贈 玉葩

일부러 교태와 수줍음 옥 같은 낭군을 저버리고
비단옷 벗으려다 다시 생각하네.
몰래 붉은 촛불 병풍 밖으로 던지고
금비녀 비껴 뽑아 베개 곁에 던지네.
버들 같은 가는 허리 부드럽게 휘고
복사꽃 두 뺨에 말도 향기롭네.
차 끓여 내는 동안 창밖은 온전히 밝았으니
누가 계집아이 시켜 흔적 없이 다녀오게 할까.

故作嬌羞背玉郞　羅衣欲解更商量
暗移紅燭歸屛外　斜拔金釵擲枕傍
楊柳細腰攀甚軟　桃花雙臉語猶香
烹茶爛熟窓全曙　誰囑丫鬟無跡行

춤추던 자리에 밟은

술회
述懷

꿈같은 청루생활 이십 년
급한 삼현 육각 소리
물처럼 흘러갔네.
시인은 가는 눈썹
아름답다 말하지 마오
애간장 도려내도
근심은 베어내지 못했다오.

如夢靑樓二十秋　催絃急管水爭流
詩人莫道嬋姸劒　割盡剛腸未割愁

죽지사
竹枝詞

열세 살 소녀가 그리움을 알아서
복사꽃 잎 눈썹 깔고 죽지사를 부르네.
좋구나, 강성 그림 같은 곳
수홍화 피고 달이 밝네.

十三兒女解相思　桃葉眉低唱竹枝
好是江城如畵裏　水葓花發月明時

옥 같은 거문고로 '원침상'을 연주하니
마치 그 사람 물 가운데 있는 듯.
곡 끝나 돌아보니 보이지 않고
물가엔 남은 달, 배 가득 서리로다.

瑤絃一奏怨沈湘　若有伊人在水央
曲罷回頭看不見　半汀殘月滿船霜

집이 금차 물가에 있어
집 같은 작은 배 푸른 물결 차네.
무한히 다정할 사, 한 쌍의 촉옥새
꽃 속에 머리 나란히 하고 하염없이 바라보네.

家住金　澗上村　　畵船如屋綠波寒
無限多情雙鸂玉　　幷頭花裏脉相看

남산에서 한식날 취염의 묘에 곡하다
南山寒食哭翠艶墓

한식날 사람 없고 두견이 슬피 우니
바위 꽃에 이슬 맺혀 눈물이 그렁그렁.
가련한 한 조각 무덤 앞의 달은
노래하고 춤추던 자리를 비추리.

寒食無人哭杜鵑　　巖花垂露淚涓涓
可憐一片墳前月　　曾照歌筵與舞筵

날 저무니 봄바람에 제비가 돌아오고
남은 단장인가 괜스레 들꽃이 피었네.
처량한 눈물 방울방울 자주 눈을 닦고
깨어진 비서 글자 없이 이끼가 반 너머 덮였네.

日暮東風燕子回　　殘粧空認野花開
凄淚瓓珊頻拭眼　　斷碑無字半蒼苔

아리땁고 고운 자태 봄을 독차지하니
번소와 소만의 후신일테지.
칭칭 감도는 노래소리 예전같은지
구천에도 응당 애끊는 사람 있겠지.

娉婷嬝娜獨占春　樊口蠻腰是後身
宛轉歌聲依舊否　九泉應有斷腸人

┃남산은 지금의 김해시청 뒷산이다. 공동묘지가 있었다.
┃번소(樊素)와 소만(小蠻)은 당나라 시인 백거이의 측실이다. 번소는 노래를 잘 불렀고, 소만은 춤을 잘 추었다. 이런 시 구절이 있다. '앵도는 번소의 입이요, 버들은 소만의 허리이다.(櫻桃樊素口, 楊柳小蠻腰.)'

동산에 목면을 심고
東山種木綿

맑은 날 목면 심기 좋아서
산밭에 올랐더니
산밭에 돌 많고 흙은 적네.
정오가 되도록
가늘고 고운 손 공연히 고생하네.
어찌 옷없다 말하리
일찍 돌아감만 못하네.

愛晴天種木綿
上山田
山田多石少閒土
日亭午
弱弱纖手空辛苦
豈曰無衣
不如早歸

가벼운 비단 빨리 짜는 건 월나라 사람 베틀
약야산 시내가 동으로 흐르는 물에
수양버들 속에서 깨끗이 빨아 말리네.
애오라지 금착도를 가지고
가지런히 치우치지 않게 잘라
날씬한 궁궐 양식 옷을 짓고
패물과 귀거리 주렁주렁하네.

輕羅催織越人機
若耶溪畔東流水
濯濯晴曬垂楊裏
聊將金錯刀
齊剪不偏倚
窄窄裁宮樣衣
寶珮明璫何葳蕤

거친 머리 가시 비녀 누구 집 여자인가?
목면 심고 목면을 따서 베틀을 놀리네.
한 자 가득 한 필, 남은 것 얼마인가?
동쪽 마을 쌀을 사고
서쪽 마을 땔감 사니
한 자라도 어찌 너의 몸에 걸칠 수 있으랴.

蓬鬢荊釵誰家女
種木綿摘木綿弄機杼
尺盈一疋餘幾許
東隣買米
西隣買薪
一尺何曾到汝身

I **약야산**은 '서시가 빨래하던 곳(西施浣紗)'이라는 유적이 있는 곳이다. 약야(若邪)라고도 한다.

옛날을 추억함
憶昔

옛날을 생각하고 또 생각하니	憶昔復憶昔
평양 감영 봄날에 나고 자랐네.	生長柳營春
여덟 살에 어머니를 따라	八歲隨慈母
배를 타고 남쪽 나루를 건너	乘潮南渡津
분성관에 잘못 떨어져	誤落盆城舘
교방에 이 몸 맡겼네.	句欄委此身
언제 거울 본 적 있었던가	何曾拂菱花
오늘 아침 비단옷을 입었네.	今朝着綺羅
눈이 휘날리듯 빙빙 돌며 춤추고	朦朧回雪舞
구름도 멈출 듯 낭랑하게 노래 불렀네.	瀏浰遏雲歌
함허정에 그림 같은 배 띄우고	畵舫芙蓉水
연자루엔 비단 주렴 드리웠네.	緗簾燕子樓
열다섯 살에 군자를 만나	十五逢君子
머리 올릴 적에 온갖 약속하였지.	結髮意綢繆
기구하다 내 팔자	那堪妾薄命
이별한 기러기 짝을 돌아보네.	離鴻顧侶儔

열일곱 살에 어머니를 여의고	十七違慈母
삼 년 동안 눈물 거두지 못했네.	三年涕未收
아스라이 북망산에 위	迢迢北邙上
백양나무 아래 한 움큼 무덤.	白楊對一抔
아득한 한 조각 구름	茫茫一片雲
서쪽 광릉성으로 들어가네.	西入廣陵城
건덕은 내가 살 땅이 아니고	建德非吾土
병주가 곧 고향이라네.	幷州卽故鄉
낙엽 되어 뿌리로 돌아가는 날	落葉歸根日
누가 일심의 사람이런가.	誰是一心人
김해에 가득한 푸른 갈대	水國滿蒼葭
흰 이슬 도리어 마음 아프네.	白露却傷神
서쪽 동산 외로운 나무에 꽃이 피니	西園獨樹花
벌과 나비 어찌 그리 분분한가.	蜂蝶何紛紛
동산의 사안(謝安)	東山有謝傅
길게 노래하며 은거를 생각하네.	長歌懷白雲

비녀 꺾어 약속 저버리기 어려웠으나	折釵難孤約
반쪽 거울 기다린 듯 합하였네.	半鏡合如期
소나무와 잣나무 빽빽하게 푸름은	松柏鬱蒼蒼
눈보라 치고 추워진 뒤에 안다네.	風雪歲寒知
4월 장마비에	四月黃梅雨
마디마디 애간장 모두 끊어지네.	斷盡寸寸腸
소리 없이 베갯머리에 흐르는 눈물	無聲枕畔淚
방울방울 비단 치마 적시네.	滴滴濕羅裳
하늘에 닿은 비단 같은 강물	連天錦江水
목란노로 가는 길 어찌 그리 긴지.	蘭橈路何長
깊은 소나무 숲에 있는 미륵암	深松彌勒菴
치마 걷고 높은 언덕을 올라가네.	褰裳陟高岡
약수 삼천리	弱水三千里
무산 열두 봉우리.	巫山十二峰
이 마음 누구에게 말을 해야 하나	此情憑誰說
그리움이 만 겹으로 쌓이네.	相思更萬重

l **유영**은 평안도 병영(兵營)을 달리 이르는 말이다.
l **분성관**은 당시 김해부의 객관을 달리 부르던 이름이다.
l **구란**은 기생이나 배우들이 거처하는 곳을 말한다. 이상은(李商隱)의 창가시(倡家詩)에 '주렴 가볍고 장막 무거운 금빛 난간(簾輕幕重金句欄)'에서 유래하였다. 구란은 본래 궁전이나 교량(橋梁) 등을 장식하는 굽게 만든 난간을 말하는 것이었다.
l **능화**는 마름풀이지만, 거울[鏡]의 별칭이기도 하다.
l **건덕**은 「장자」「외편」〈산목(山木)〉에 나오는 이상향이다. 남월에 한 읍이 있는데 그 이름을 건덕의 나라라고 한다. 그 백성들은 어리석고 소박하며, 이기심이 없고 욕심이 적다. (南越有邑焉 名爲建德之國. 其民愚而朴, 少私而寡欲.)
l **병주**는 제2의 고향이라고 할 만한 땅을 그리는 마음으로 당나라 시인 가도(賈島)의 시에서 나온 말이다. 가도가 병주에 오래 살다가 떠날 때 이런 시를 남겼다. '병주에 객이 된 지 이미 이십 년, 돌아갈 마음 밤낮으로 함양을 그렸네. 무단히 다시 상건수를 건너, 다시 병주를 바라보니 이곳이 내 고향일세.(客舍幷州已十霜, 歸心日夜憶咸陽. 無端更渡桑乾水, 卻望幷州是故鄕.)'
l **사부**는 사안(謝安)을 말한다. 그는 동진(東晉) 중기의 이름난 신하로 자는 안석(安石)이고 시호는 문정(文靖)이다. 벼슬하지 않고 동산(東山)에서 은거하다가 40세에 처음으로 관계에 나가 환온(桓溫)의 사마(司馬)가 되었고, 태보(太保)에 이르렀다. 죽은 뒤에 태부(太傅)로 추증되어 사태부(謝太傅)라 불렸다. 이런 일화가 전한다. 사공이 동산에 있을 때 조정에서 조칙을 내려 여러 번 불렀으나 그는 나아가지 않았다. 후에 환온의 사마가 되어 신정(新亭)으로 출발하려 할 때, 조정의 선비가 모두 나와 환송했다. 그때 고령시(高靈時)는 중승(中丞)이었는데 역시 송별 잔치에 왔다. 고령시는 술이 취하자 장난스레 말했다. "경[사안]이 여러 번 조정의 명을 어기고 동산에 고고하게 누워있자 사람들은 '안석이 나오려 하지 않으니 장차 이 백성을 어찌할꼬?'라고 했는데, 지금 사람들은 다시 '경을 어찌할꼬?' 합니다." 사공은 웃으며 답을 하지 못했다.(「관란(觀瀾)」「배조(排調)」 〈사공출동산(謝公出東山)〉) 이 일화는 은군자(隱君子)를 자처하던 사공이 결국 은거하지 못하고 벼슬을 탐하여 나가는 것을 꼬집은 것이다.
l **세한**은 「논어」「자한」에 나오는 '날씨가 추워진 다음에 소나무와 잣나무가 늦게 시든다는 것을 안다.(歲寒然後 知松柏之後彫也.)'라는 구절에서 가져왔다.
l **약수**는 「산해경(山海經)」「해경(海經)」〈대황서경(大荒西經)〉에 나온다. '서해의 남쪽, 유사의 언덕, 적수의 뒤, 흑수의 앞에 큰 산이 있는데 이름을 곤륜의 언덕이라고 한다. 그곳에 사람의 얼굴에 범의 몸을 하고, 꼬리에 무늬가 있으며 모두 하얀 신이 산다. 산 아래에는 약수의 연못이 둘러싸고 있다.(西海之南, 流沙之濱, 赤水之後, 黑水之前, 有大山, 名曰崑崙之丘. 有神 人面虎身, 有文有尾, 皆白, 處之. 其下有弱水之淵, 環之.)' 그 주석에 그 물은 홍무(鴻毛)도 이기지 못한다고 하였다.
l **무산**에 대한 고사는 이렇다. 초나라 회왕이 고당(高唐)에서 놀다가 낮잠을 잤는데, 꿈에 한 여인이 와서 "저는 무산의 여자로 고당의 나그네가 되었습니다. 임금님께서 여기 계신다는 소문을 듣고 왔으니 침석(枕席)을 같이해 주십시오."라고 하였다. 여인은 하룻밤을 잔 뒤, 떠나면서 "저는 무산의 양지쪽 높은 언덕에 사는데, 매일 아침이면 구름이 되고 저녁에는 비가 됩니다."라고 하였다. 회왕은 사당을 지어 이름을 조운(朝雲)이라 하였다.

서 사군이 시를 지으라 하기에
회포를 하소연하다
徐使君席上命招以詩訴懷

대나무 사립 닫고 남은 생을 보내며
기녀 생활 돌아보니 길이 희미하다.
고미(菰米)를 밤에 찧어 손님을 대접했고
가을에 연실을 짜 낭군 옷을 부쳤지.
누각 밖 생황 노래 수없이 지나가지만
문 앞 머무는 말 자연히 드물다.
앵무야 곁에서 꾸짖지 마라
흰 구름 그윽한 꿈 푸른 산을 에워싸네.

斷送餘生掩竹扉　句欄回首路依微
菰米夜舂供客飯　藕絲秋織寄郎衣
樓外笙歌無數過　門前鞍馬自然稀
鸚鵡在傍休罵我　白雲幽夢碧山圍

금은의 꽃빛
[금릉잡시] 金陵雜詩

연자루 앞 버들개지
버들개지와 제비가 석양에 비껴나네.
제비는 꽃을 쫓고, 꽃은 제비를 쫓아
성안의 여러 집으로 흩어져 들어가네.

燕子樓前楊柳花　　楊花燕子夕陽斜
燕逐飛花花逐燕　　城中散入萬人家

I **금릉**은 김해의 미칭(美稱)이다. 중국의 금릉[지금 남경]에 비기어 부르는 이름이다.
I **연자루**는 가락국 시대부터 국도(國都)를 흐르는 호계 위에 있던 누각이다. 많은 시인이 연자루를 노래했다. 연자루와 관련하여 이런 일화가 전한다. 구형왕 9년(531년) 겨울, 이 누각이 명동(鳴動)하여 장안 사람들이 모두 놀랐다. 이는 임자년 나라가 망할 것을 예언하는 것이라 하여 왕명으로 훼철되었다고 전한다. 그 뒤 여러 차례 중건되었으나 일제 식민지시기인 1938년 철거되고 건물 일부는 서울 방면으로 매각되었다고 한다. (증보 김해지리지)

그대,
그리움을
아는가

봄물 구름 같이 호계에 넘치니
빨래하는 사람들 호계 양쪽으로 나뉘었네.
온종일 두견새가 울어대고
두 능은 한식에도 풀이 무성하네.

春水如雲漲虎溪　　浣紗人隔水東西
盡日子規啼不盡　　二陵寒食草萋萋

| 호계는 지금의 김해 동상동 호계로를 흐르던 소하천으로, 현재는 복개되어 볼 수 없다.
| 두 능은 수로왕릉과 허왕후릉을 말한다.

열 나무에 버들꽃, 아홉 나무에 꾀꼬리
꾀꼬리와 꽃, 어지러이 누굴 위해 바쁜가.
쓸쓸히 맞은 봄, 봄은 적적하기만 하고
해서문 밖은 노을만 지네.

十樹楊花九樹鶯　鶯花撩亂爲誰忙
黯黯傷春春寂寂　海西門外政斜陽

l 해서문은 김해 읍성의 서문이다.

금천교 물가 비 막 개이자
외죽 마을 빙 둘러 저녁노을 일어나네.
비단처럼 맑은 강물 삼십 리
가벼운 배가 달을 자르듯이 지나가네.

金川橋畔雨初晴　外竹村邊落照生
謝練澄江三十里　輕舟如剪月中行

l **금천**은 쇠내이다. 염수(鹽水)가 끼어 토질이 쇠 같으므로 붙여진 이름이다. 금천교는 현재도 금천마을에 있으며, 경남 김해시와 부산광역시 경계가 되는 곳이다.로왕릉과 허왕후릉을 말한다.
l **외죽 마을**은 오봉산[일명 죽도] 남해 쪽 당시 죽도 마을을 말한다. 옛날 이 일대는 모두 갈대밭이었는데, 해방 후 차츰 농토로 개간되었다고 한다.

망북루 높은 곳에 홀로 난간에 기대니
뿔피리 소리 끊어져 쓸쓸히 혼을 녹이네.
가는 비는 교방 남쪽 두둑에 내리고
떨어진 꽃은 비단신에 붉은 도장 찍네.

望北樓高獨倚欄　角聲初斷黯銷魂
微雨敎坊南畔路　落花紅印繡鞋痕

ㅣ 망북루는 「금관고적」, 「누정편」에 의하면 동헌(東軒) 앞에 있었다.(在東軒前) 동헌은 당시 관청인 아사(衙舍)를 말하며, 현재 김해시 서상동 김해 맨션 일대를 말한다.
ㅣ 교방은 김해부 관아(官衙) 관문밖에 있었으며, 관비(官婢) 23인이 있었다고 한다.

집이 강남 어느 마을에 있길래
푸른 도롱이 입은 어부들 밤 내 시끄럽네.
짧고 짧은 갈대 가득한 조만포
상앗대 하나 새 물결이니 복어가 오르네.

家在江南何處村　綠蓑漁父夜相諠
短短蘆芽潮滿浦　一篙新水上河豚

l **강남**은 김해를 뜻한다.
l **조만포**는 남해에 인접한 조만강 끝자락이다. 김해 사람들은 조만강을 '조마이강'이라고 부른다.

삼암 마을 고요한 정경
제비 지저귐 속에 사람 보이지 않네.
어부에게 묻노니, 기억하시는가
복사꽃 핀 무릉의 봄을.

三巖洞裏靜香塵　　燕子聲中不見人
爲問漁郞相憶否　　碧桃花發武陵春

l 삼암 마을은 김해시 서상동 일대로 추정한다. 옛 지도인『김해부내지도』에는 현재 김해시 서상동 합성초등학교 자리에 부암(夫巖)·고암(姑巖)·자암(子巖)이라고 부르는 세 개의 고인돌이 그려져 있었으나 현재는 없다.

l 4구의 '복사꽃 핀 무릉' 마을은 현재 서상동이다. 서상동은 옛날에 대기리(조선 세종)-대기음리(조선 예종)-도화동-북내동(1914년)-대화정(1941년)-서상동(1947년) 순으로 지명이 변천되었다. (「증보 김해지리지」)

천향사 안 등불 붉고
만장대 앞 물은 허공을 치네.
장수가 바람맞으며 옥피리를 부니
한 소리 아득히 구름 속에 떨어지네.

天香寺裏佛燈紅　　萬丈臺前水拍空
壯士臨風吹玉笛　　一聲遙落白雲中

l **천향사**는 당시 분산성(盆山城)에 있었던 해은사(海恩寺)로 판단된다.
l **만장대**는 김해 사람들이 분산[분성산]을 부르는 다른 말이다. '만장대'라는 글씨는 김해 분산성 내에 새겨져 있는데, 흥선대원군이 썼다. 1990년 김해문화원과 문화진흥회에서 '충의각(忠義閣)'이라는 비각을 세웠다.

호계천 상류는 급히 흐르고 하류는 평온한데
붉은 단장 여인네들 여울물 다투며 줄지어 가네.
고운 비단 흰 명주 삼백 척
영롱한 빛 눈에 비쳐 석양이 밝네.

上川灘急下灘平　　紅粉爭灘隊隊行
霧縠氷紈三百尺　　玲瓏射眼夕陽明

11구의 원문 '상천(上川)'은 호계천 상류를 뜻한다.

노란 버들개지 날리는 만세교
푸른 시내 봄물은 길가에 넘치네.
봉산의 낙조, 응암의 달
쓸쓸히 동서로 떨어져 저물었다 다시 아침 되네.

黃柳花飛萬世橋　　碧溪春水路迢迢
鳳山落照鷹岩月　　悵隔東西暮復朝

| **만세교**는 현재 부원동 앞쪽 하천에 있는 다리로 추정된다.
| **봉산**은 현재 임호산을 달리 부르는 봉명산(鳳鳴山)으로 추정된다.
| **응암**은 매 부리처럼 생긴 바위로 분산의 남쪽 능선에 있다. 규장각이 소장한 「분산산성지도」에 나와 있다.

벗과 단오일에 서릉 가자 약속하여
창포꽃 꽂고 좋은 모임 했었지.
오뚝하니 반 꺾인 그넷줄
옛날의 수양버들은 몇 번째 가지인가.

約伴西陵端午日　菖蒲花揷趁佳期
擡頭半折秋千索　依舊垂楊第幾枝

l 서릉은 김수로왕릉을 말한다.

봄을 맞은 문밖 숭선전에 봄이 돌아왔으나
떨어지고 남은 연지 푸른 이끼만 남았네.
발 내린 지관엔 사람 없어 적적하여
봄놀이로 다시 분성대에 오르네.

迎春門外殿春回　　落粉殘臙剩綠苔
池舘下簾人寂寂　　踏靑還上盆城坮

| **숭선전**은 수로왕릉 경내에 있는 전각이다.
| **지관**은 함허정을 뜻하며, 현재 연화사가 있는 곳이다.
| **분성대**는 현재 연화사 안에 있다.

강무당 앞 달빛 한가로운데
어느 집 계집아이 창을 듣고 돌아오나.
말하지 마오, 내일 아침 자취 보지 못했다고
푸른 이끼 새벽이슬 가죽신 코에 얼룩덜룩.

講武堂前月色閑　誰家兒女聽倡還
莫道明朝無跡看　蒼苔晨露鞋頭斑

l 강무당은 무술을 논하던 곳으로 「김해읍지」(1899년) 권두에 있는 옛 지도를 살펴보면 현재의 연화사 뒤에 그려져 있다.

그대,
그리움을
아는가

불암의 가을물 어량에 떨어지고
술 익는 집집마다 게장을 쪼개네.
상인들 달 밝자 나란히 노에 기대니
물소리 동으로 산산창으로 달리네.

佛菴秋水落漁梁　　酒熟家家劈蟹黃
估客月明齊倚棹　　潮聲東走蒜山蒼

l **불암**은 현재 불암동이다. 부처 바위가 있다고 하여 붙여진 이름일 것이다.
l **산산창**은 현재의 대동에 있던 소금 창고이다. 영조 21년에 산산창을 설치하여 명지도에서 만든 소금을 춘추로 바꾸어 들였는데, 소금 2섬에 쌀 1섬과 바꾸어 주었다고 한다.

진남문 밖에 일찍 서늘함 일고
성곽 가득 비린 바람, 비 언뜻 개이네.
한 자 농어, 석 자 잉어
장대에 반쯤 해 걸리니, 생선 파는 소리 나네.

鎭南門外早凉生　滿郭腥風雨乍晴
一尺鱸魚三尺鯉　半竿紅日賣魚聲

l 진남문은 김해 사대 읍성 중 남문이다.

구지봉 머리에 붉은 노을 비치고
후릉의 송백엔 가을바람 불어오네.
상심한 한 조각 파사석
늘어진 풀 자욱한 안개 참으로 적막하다.

龜旨峰頭落照紅　　后陵松柏起秋風
傷心一片婆娑石　　蔓草荒烟寂莫中

▎**구지봉**은 가야의 건국 설화를 간직한 곳으로 구산동에 있다. 2001년 3월 7일 대한민국 사적 제429호로 지정되었다.

▎**후릉**은 허왕후릉으로 구지봉 동쪽 구릉에 있다. 원래 이곳은 귀수지형(龜首地形)이었는데, 1930년대 국도 14호 개통으로 거북이 머리[구지봉]와 몸통[허왕후릉]이 절단되었다. 이후 1993년에 단절된 구릉을 연결하는 복개 공사가 완공되었다.

▎**파사석**은 허왕후가 아유타국[인도]에서 올 때 배에 실어 파도를 눌렀다고 하는 돌이다. 빛깔은 붉고 반점이 있으며, 석질은 부드럽다. 닭벼슬의 피를 떨어뜨리면 굳지 않는다고 한다. 당시에는 능 바로 앞에 있었는데, 현재는 능 바깥 동쪽으로 빼놓았다.

여뀌꽃 핀 섬 가을빛이 그림 속에 들어오고
끊어진 노을 맑은 비단 그 경치 어떠한가.
초선대 옆에 말을 세우고
온 산 붉게 물든 신어산을 바라보네.

蓼嶼秋光入畵圖　　斷霞澄錦境何如
立馬招仙坮畔路　　一山紅樹望神魚

| **초선대**는 부산시에서 김해로 들어오는 국도 14호선 국도변 남쪽에 있다. '초현대'라고 하기도 한다. 경상남도 유형문화재 78호인 마애불이 거대한 바위에 음각되어 있다. 『동국여지승람』에 의하면, 가락국의 2대왕인 거등왕이 칠점산의 조시선인을 초대하자, 조시선인은 배를 타고 거문고를 안고 와서 함께 놀았다고 한다. 그래서 '초현대'라고 이름하였다. 거등왕이 앉았던 연화석(蓮花石)과 조시선인과 두었다는 바둑돌[棋局石]이 지금까지 전해진다고 한다.
| **신어산**은 삼방동에 있는 해발 630.4m의 산이다. 김해시와 상동면의 경계가 되며 선어산(仙魚山)이라고도 한다. 신어(神魚)라는 것은 인도 아유타국의 상징으로 수로왕릉의 정문에 새겨진 두 마리의 고기와 함께 가락의 상징이 되었다. 지금 은하사・영구암 등의 고찰(古刹)이 있으며, 구한말까지 기우단(祈雨壇)이 있었다고 한다. (『증보김해지리지』)
| **위의 두 시**는 「김해읍지」에 「구지봉(龜旨峰)」,「초선대(招仙臺)」라는 제목으로 차산 배전의 시라고 되어 있다.

그대,
그리움을
아는가

목화꽃 핀 곁, 순지(蓴池)로
중년 부인 앞에 가고 젊은 부인 따라가네.
답곡마을 밤 내내 물레 소리 울리니
내일 아침 남쪽 시장에 새 실을 팔겠네.

木棉花發傍蓴池　　中婦前行少婦隨
畓谷輕車終夜響　　明朝南市賣新絲

| **순지**는 지금의 연지공원이다. 당시 인근에 목화밭이 있었다.
| **답곡마을**은 '논실'이라고도 불리었으며, 김해읍에서 제일 오래된 마을이다. (『증보 김해지리지』) 지금의 대성동이다.

성조암 앞 늙은 잣나무 늘어지고
경전은 낡고 스님은 떠나간 지 이미 오래.
향 쌓인 주방에 삼생의 불꽃 비어
눈썹 아래로 드리운 보살만 가련하네.

聖祖菴前老栢垂　經殘僧去已多時
香積廚空三世火　我憐菩薩一低眉

l 성조암은 지금도 활천동에 있는데, 용왕제를 지내던 곳이다. 수로왕을 기리기 위해 지은 절이라고 한다.

외장대 꼭대기 장군의 깃발
칼날 눈처럼 번뜩이고 말은 별처럼 달리네.
어떠한가, 병기 녹여 농기구 만들어
전원에서 함께 태평시대 취함이.

外將臺高上將旗　劍光翻雪馬星馳
何似銷兵鑄農器　田園共醉太平時

l **외장대**는 김해 도호부성 서북쪽 5리에 있었다. 해마다 경상우도 병마절도사가 와서 군대를 조련할 때, 백성들의 부역으로 가막(假幕)을 설치하던 것을 숙종 29년(1698년)에 부사 허재(許梓)가 부민들의 편의를 보아주기 위해 건조하였다. 현재는 김해시 구산동에 속한다. (증보 김해지리지)
l **김해읍지**에 「외장대」란 제목으로 차산 배전의 시로 되어 있다.

도고 선창에 여름비 개이니
물억새 핀 물가 관솔불 밤 깊도록 밝네.
게[蟹] 가득한 동이 활발히 움직여
남자 여자 이고 지고 남쪽 성으로 들어가네.

都賈船倉夏雨晴　荻洲松火夜深明
郭索滿盆猶活動　童肩女戴入南城

I **도고 선창**은 도호 선창(都護船倉)의 오기로 추정된다. 옛날 김해가 김해도호부였으므로 도호 선창이라는 지명이 있었다. 동오개, 도선이라고도 부르며, 강창 서남쪽의 마을이다. 김해도호부의 선창이었으며, 80년 전까지만 해도 큰 범선이 들어올 수 있었다고 한다. (증보 김해지리지)

칠점대 텅 비고 풀과 나무만 우거져
평야는 끝없고 물은 출렁출렁.
남쪽 바다 아득한 형제도를 바라보니
저물녘 기러기 두 세줄 비껴 날아가네.

七點臺空草樹荒　　平田無際水茫茫
南望滄溟兄弟島　　暮鴻斜度兩三行

l **칠점대**는 칠점산에 있던 돈대이다. 칠점산은 가락국 거등왕 때, 조시선인이 살았다고 하는 바닷속의 일곱 산이었다. 그러나 일제 강점기 말부터 비행장 공사를 하느라고 차츰 깎아버려 하나의 산만 겨우 남았다. 칠점대는 이곳에 있던 돈대로 현재 김해공항이 들어섰다. 원래 김해에 속했지만 1978년 부산으로 편입되었다.
l **형제도**는 남해 바다의 섬 형제도이다.
l **김해읍지**에 「칠점산(七點山)」이란 제목으로 차산 배전의 시로 되어 있다.

해창 삼월에 쌀 실은 배 내려가니
연지 찍은 여인이 노점에서 술을 거르네.
회오리치는 물결에 무사하길 빌며
배 가득 퉁소와 북소리 선왕에게 굿하네.

海倉三月下漕航　　紅粉當壚綠醞香
鰐浪鯨濤無恙願　　滿船簫鼓賽船王

| **해창**은 현재 부산시 강서구 가락동 동사무소 맞은편에 있었다. 당시 세곡 창고였다. 원래 김해에 속했지만 1989년 부산시로 편입되었다.

서쪽으로 용제봉 바라보니 구름이 뭉실뭉실
고을 원님 기우제 올리고 말 천천히 돌아가네.
저물녘 함허정에 붉은 촛불 밝히니
아가씨들 노래하고 백구는 시를 쓰네.

西望龍蹄雲淡淡　　使君禱雨馬回遲
暮入涵虛紅燭爛　　女娘爭唱白鷗詞

| **용제봉**은 함허정에서 서쪽을 바라보면 보이는 봉우리이다. 기우제를 지내던 곳으로 동쪽에는 장유, 서쪽으로는 창원의 경계가 된다. 김해 주민들은 용제봉을 용지봉(龍池峰)이라 부르기도 한다.
| **함허정**은 현재 연화사 자리에 있던 정자이다.

고각 소리 비껴 부니 밤이 다해가고
남풍 불 제 사충단에 술을 붓네.
장막 밖 달 그늘에 깃대 끝 가지런하고
엄숙히 서 있는 사람 칼 빛이 서늘하네.

鼓角橫吹夜欲闌　　南風酹酒四忠壇
帳外月陰旗脚整　　儼然人立劍光寒

I **사충단**은 임진왜란 당시 의병을 일으킨 4명의 충신을 기리기 위해 만든 제단으로, 현재 연화사 오른쪽에 연자루와 나란히 있었다. 1977년 김해시 동상동 분산 자락으로 옮겼다.

부교 돌난간 새벽 밀물에 잠기고
게딱지 같은 집, 닭 소리에도 해 아직 안 밝네.
남문에서 십 리 신문장 열리니
버들가지에 갈치 꿰어 다투어 파는구나.

浮橋石沒漲晨潮　　蟹舍鷄聲日未朝
南風十里新文市　　爭販葦魚貫柳條

l **부교**는 주촌면 용덕마을[德橋]에 있었는데 지금은 없어졌다. 큰비가 와도 잠기지 않아 주민들은 '떳다리'라고 불렀다.
l **신문장**은 김해 읍성 남문에서 배를 타고 10리 거리에 있었다. 현재 김해시 신문동이다. 1914년에 현재 김해시 무계동 '장유전통시장' 자리로 이전하였다.

나전 고개 삼거리
황량한 두어 객점, 늙은 회나무 낙엽지네.
한밤중 방울 소리 사신이 오시는지
달 속에 횃불 들고 패를 부르네.

羅田嶺接路三街　　數店荒凉落古槐
半夜鈴聲來直使　　月中催炬喚更牌

l 나전 고개는 김해 시내에서 북쪽 생림면으로 넘어가는 고갯길이다. 김해의 옛 지도에는 대부분 나전현 (羅田峴) 으로 표시되어 있다.

그대,
그리움을
아는가

무척산 푸르름에 흰 구름 일어나고
모암에 붙은 바위 바라보니 구분하기 어렵다.
희미한 종소리 삼호수에 떨어지니
나그네는 배나 말 위에서 듣겠지.

無隻山靑起白雲　　母菴粘石望難分
疎鍾響落三湖水　　行旅舟中馬上聞

l **무척산**은 김해 생림면 생철리에 있는 해발 700m의 산으로, 김해 시내에서 가장 높은 산이다. 식산(食山), 무축산(無築山), 무착산(無着山)이라고도 하며, 산정(山頂)의 천지(天池)는 수로왕의 국장(國葬) 때 판 것이라고 전한다. 식산이라는 말은 산이 밥상을 받는 형국이므로 그렇게 말한다
l **모암**은 모은암(母恩庵)을 말한다. 모은암은 무척산 중복(中腹)에 있는 사찰로 가락국의 2대 기등왕이 모후(母后)인 허왕후를 기념하기 위하여 창건한 것이라고 전한다. 을축(乙丑) 연간에 골짜기에서 이상한 소리가 들리므로 14일간 재(齋)를 베푼 뒤 첩석(疊石) 속에서 작은 종 하나를 찾았다. 이 종에 다음과 같이 새겨져 있었다. '모암 나한전 소종으로 지정 24년 3월 7일 주조하였다. 모씨가 시주하였다.(母庵羅漢殿小鍾, 至正二十四年三月七日. 施主某.)' 지정 24년은 공민왕 13년인 1364년이다. (증보 김해지리지)
l **삼호수**는 물웅덩이가 세 곳이있으므로 이렇게 불렸다고 한다.

꽃다운 풀 자리처럼 텅 빈 성전에 자라고
다산도 젊어서는 책 보기 폐했다네.
오얏은 가라앉고, 외는 떠 있는 관정수
한낮의 더위에 나란히 서늘함 쫓아가네.

芳草如茵聖殿墟　茶山年少廢看書
沈李浮苽官井水　追凉齊趂午炎初

l 관정수는 객관 안에 있던 우물로 현재 류공정으로 추정된다.

명도는 아득히 푸른 남쪽 물 끝에 있고
나무다리 초가 주막엔 버들이 한들한들.
해 비친 백사장, 밭 두둑길
소금 수레 삐거덕삐거덕 붉은 적삼 물들이네.

鳴島蒼茫水盡南　板橋茅店柳毿毿
日照白沙田畔路　鹽車兩兩茜紅衫

| 명도는 명지도(鳴旨島)를 말한다. 김해부 남쪽에 있는 섬으로 현재는 부산시 강서구 명지동이나. 수로(水路)로 40리인데 동으로 취도(鷲島)와 200보쯤 떨어져 있다. 날씨가 비가 오려거나, 크게 가물거나 또는 큰바람이 불려고 할 때, 반드시 이 섬이 울린다. 그 소리는 우레소리 같아서 섬 가운데에서는 잘 들리지만, 그 소리가 어디에서 울려 오는지는 모른다고 한다. 명지도의 백사장에는 자염(煮鹽)이 성행했다. 『영조실록』에 의하면, 영조 15년에 명지도에 염분(鹽盆: 바닷물을 끓여 소금을 만들 때 쓰는 가마)을 설치하여 백성들에게 요역(徭役)하게 했는데, 육지 요역의 배가 되었다고 한다. 또 영조 21년에는 산산창(蒜山倉)을 설치하여 명지도에서 만든 소금을 춘추로 바꾸어 들이는데 소금 2섬에 쌀 1섬과 바꾸어 주었다고 한다. (증보김해지리지)

청뇌각 밖은 비낀 태양을 보내고
내장대 앞은 달이 서리 같네.
송도와 서울 오가는 수많은 나그네
옥피리 매화곡에 고향을 바라보네.

晴雷閣外送斜陽　　內將臺前月似霜
往來多少松京旅　　玉笛梅花望故鄕

I **청뇌각**은 객사 앞쪽에 있었다. 『김해부내지도』를 보면 객사와 후원을 담으로 둘러 쳐놓았는데, 청뇌각이 그 대문으로 보인다.
I **내장대**는 김해읍성 북문 쪽에 위치하였는데, 현재 연화사 뒤쪽 동상동 「김해 다문화 치안센터」와 광남아파트가 있는 곳이다.

그대,
그리움을
아는가

남산의 한식날 풀이 무성한데
여인네 바쁘게 무덤 위로 올라가네.
나는 여기서도 울 곳이 없으니
남을 따라 눈물 흘리며 그저 슬퍼하네.

南山寒食草離離　士女紛紛上塚時
儂向此中無哭處　隨人有淚一般悲

I **남산**은 현재 김해시청 뒷산으로 공동묘지가 있었다.

영운동은 모두 나무꾼의 집
탁탁 나무 베는 소리에 해 쉬이 기우네.
십리 길 가서 땔감 팔고 돌아오는 달밤
분산 꼭대기에 노래 소리 울리네.

靈云洞裏盡樵家　　伐木丁丁日易斜
十里賣薪歸夜月　　盆山頂上放高歌

I **영운동**은 지금 삼방동 영운마을로 인제대학교를 따라 5-10분 올라가면 나오는 마을이다. 지재당이 살았던 당시 이 마을은 모두 나무하는 집들이 모여 있었다. 대부분 낙동강변에 있는 불암동 쪽으로 나무를 팔러 간 것으로 보인다.

I **분산**은 김해 동상동과 어방동의 경계로 부성(府城)의 진산(鎭山)이다. 해발 330m로 사적 제66호인 분산성이 남아있다. 이곳엔 만장대(萬丈臺), 타고봉(打鼓峰), 해은사(海恩寺), 기우단(祈雨壇), 봉수대(烽燧臺) 등이 있었다.

그대,
그리움을
아는가

성 안 칠월 중원일
민가 집집마다 이른 벼 향기 나네.
새벽에 방아 찧어 하얀 공양밥을 지어
서림사에 가서 부처님께 빈다네.

城中七月中元日　　門巷家家早稻香
玉潔晨舂齋佛米　　西林去祝大醫王

l **서림사**는 신어산 남쪽에 있는 고찰(古刹)이다. 지금은 은하사(銀河寺)라고 하는데, 은하사 옆 조실 스님이 거처하는 곳에 서림사 편액이 있다. 당시의 옛 지도와 문집에는 모두 서림사로 표기하고 있다. 서림사는 가락국 때 허왕후의 오라비인 장유화상이 동림사(東林寺)와 함께 창건했다고 한다. 서림사는 서방불교의 번성을 기원하는 뜻이며, 동림사는 동방 가락국의 봉안(奉安)과 번성(繁盛)을 기원하기 위해 세워졌다고 전한다. 임진 왜란 때 모두 불타버린 것을 그 뒤 중건하였다. 마지막 구절의 원문 '대의왕'은 모든 중생의 마음을 치료 한다는 석가여래를 말한다.

김해여성시인 지재당 강담운 시집
그대, 그리움을 아는가

개정증보 1판 1쇄
펴냄 2024년 09월 13일

지은이. 강담운
교정. 배차산
역주. 이성혜

펴낸곳. (재)김해문화관광재단 출판사
발행인. (재)김해문화관광재단 이사장 홍태용
출판등록. 제2010-000003호
주소. 경상남도 김해시 김해대로 2060 김해문화의전당
전화. 055-339-2042

총괄. 최석철(대표이사)
기획. 이영준(문화도시센터장)
진행. 이선옥, 김희주(문화도시팀)
자문. 김우락(김해문화원장), 송원영(김해대성동고분박물관장)

사진. 이동문, 박정임
캘리그라피. 소연 최은영(@coeeunyeong4820)
디자인. 정미진
인쇄. 이룸(http://erum.kr)

ⓒ 이성혜, 2024
값 17,000원
ISBN 979-11-90401-57-9

이 도서의 판권은 역주자와 펴낸곳 (재)김해문화관광재단 출판사에 있습니다.
양측의 동의 없이 내용의 전체 혹은 일부 사용을 금합니다.